i
imaginist

想象另一种可能

理想国
imaginist

朱の記憶 亀倉雄策

YUSAKU KAMEKURA

朱红的记忆
龟仓雄策与
昭和时代的设计

[日]马场真人 著

蔡青雯 译

山西出版传媒集团　山西教育出版社

设计是生存的喜悦,
是一首明亮的生活之歌。

目 录

第一章　朱红与金黄的希望　／001

第二章　"我要做强盗"　／017

第三章　与土门拳的誓约　／039

第四章　日本工房　／059

第五章　国际报道工艺　／087

第六章　每个人的太平洋战争　／105

第七章　日本宣传美术会　／129

第八章　尼 康　／147

第九章　日本设计中心　／167

第十章　东京奥运　／183

第十一章　大阪世界博览会　／199

第十二章　NTT诞生　／219

第十三章　盟友江副浩正　／239

第十四章　再为设计出份力　／275

后 记　／289

参考文献　／293

龟仓雄策简介　／299

第一章

朱红与金黄的希望

↑ 东京奥运海报　资料提供：龟仓雄策资料室
↗ 东京奥运会徽竞图作品　左上：河野鹰思　右上：龟仓雄策　左中：稻垣行一郎　右中：杉浦康平　左下：永井一正　右下：田中一光，转载自《设计的现场》NO.100（美术出版社，1988年）

"太好了！取得主办权了，做得好！"

龟仓雄策拿起早报，不禁高声叫好。

《读卖新闻》头版上斗大的标题，宣告东京取得奥运会主办权。

"1964年东京奥运！第一回合获得34票，奥运圣火首度驾临亚洲！"

报道内容是关于1959年5月26日，在慕尼黑举办的第55届国际奥运委员会总会（IOC）快报。外务省出身的日本放送协会（NHK）著名解说员平泽和重登坛进行演说，在最后时刻，他突然取出教科书，翻开其中一页，递给国际奥委会委员看。

"各位请看看，日本人从小接受的教育，就是必须具备奥运精神。全日本的儿童都引颈企盼能够亲眼看到奥运比赛。"

报纸大肆报道这场演说简洁有力，并提及这则小故事促成了申奥成功。

龟仓读着报纸,想着自己虽然不是平泽,但也算是协助申奥成功的有功人士,脸上露出微微不服气的神色。

申奥成功的前一年,第 54 届国际奥运委员会总会在东京举办,并邀请布伦戴奇[1]主席出席。当时东京正在举办亚运会,正是展现日本的运动比赛设施能够充分因应奥运的最佳时机。日本奥运委员会的典礼委员长竹田恒德准备得万全周到,对会场设施信心满满。但是出于保险起见,他还想要一个万无一失、一锤定音的筹码。

在日本广受爱戴、被昵称为"王子"的竹田,在 1947 年 10 月 14 日麦克阿瑟将军颁布"皇籍脱离令"之前,是个如假包换的皇族,尊称是"竹田宫恒德王"。他生于 1909 年,是明治天皇的外孙,二战时为陆军中校,隶属骑兵第一连队,从小就学习马术,实力了得,甚至能参加奥运。然而,他三度落马,骨折受伤。在冬季运动方面,他擅长溜冰和滑雪,但是又骨折受伤,不过他还是没有学乖,仍然乐此不疲,继续溜冰滑雪。现在的品川高轮王子饭店所在地,原本就是他的豪华宅邸。

驻日盟军总司令部在瓦解财阀之后,执行皇室解体政

---

[1] 艾弗里·布伦戴奇(Arery Brundage, 1887—1975),美国人,1952—1972 年任国际奥运委员会主席,是首位非欧洲出身的主席,年轻时曾是田径、铁饼、十项全能等运动选手。

策，竹田宫恒德王改名"竹田恒德"。在脱离皇籍令颁布一周后，天皇在赤坂离宫举办惜别会。

"今后待你依然一如过往，永远不变，随时欢迎你来。"

竹田深深感激天皇陛下的鼓励，内心却也困惑不已。

"被解除军衔，又脱离皇族，不知道今后我究竟还能做些什么，而且最根本的问题是，我到底为何活下去。"

此时，日本溜冰联盟邀请竹田担任会长，他才知道自己原来还能有所贡献，并体认到磨炼自身坚毅强壮的运动，正是他应该选择的和平之道。面对联盟会员，他坦率地叙说出自己的抱负：

"马术和溜冰，虽然因为骨折受伤不得不断念，但我仍愿意为其奉献一生。"

他卖掉宅邸，从此再无家累。继溜冰联盟之后，他又获得推荐成为马术联盟会长。后来，他历任日本体育协会理事、日本广播体操协会会长等体育团体要职，是个名副其实的"体育王子"。

竹田熟悉远征海外比赛等事务，并因此见识到简洁而具现代感的美国设计。

相较于美国设计，竹田瞧着眼前的手册，不自觉地用手指拨开，内心直犯嘀咕："这是什么东西！"手册以毛笔字写着"第54届国际奥林匹克大会"，他只觉得充满古意，却感受不到一丝国际化。手册将要呈递给布伦戴奇主席，竹田希望至少封面能做到时髦有型。

竹田倏然想起最近读到的一篇报道，即将举办的"国际字体排印学设计研讨会"，将邀请日本的龟仓雄策登台演讲。他心想："没想到龟仓那家伙还挺有名的。"

在猪苗代，竹田和龟仓是经常碰面的滑雪同好。在三浦雄一郎成立的滑雪学校中，战后才开始学习、已经年届四十的两人都勤学不倦，精神毅力可嘉。竹田经人介绍之后，认识到龟仓是"设计界的大人物"。两人曾经多次一起滑雪。

"我们请一个从美归国的设计界大人物就行吧。"

面对竹田的商量，龟仓只能苦笑。体育界向来没有什么设计概念，奥运总会分发的手册，简直就像经书的封皮，唯有从零做起了，但时间根本不够。不过，即使如此，只要改进文字设计，仍有希望。

字体排版漂亮有型，就能吸引眼球、增加魅力。幸亏"IOC"三字的结构只有直线和曲线，简单地排列英文字体，应该就能独具魅力。"I"的旁边摆上54和数字，"I"设计成红字，然后"O"是黄色，"C"则为淡绿色。如此一来，IOC三字形成彩色链条。平常从不在设计稿上署名的龟仓，看着令人满意的成品，忍不住添上英文签名"Kame"。

对龟仓来说，这些设计作业信手拈来，毫不费工夫，但是细心设计细枝末节则能聚沙成塔，形成无比巨大的力量。在申奥上大有斩获的竹田王子，再次拜访了龟仓。

"能否请您出马担任奥运的设计总监呢？我左思右想，觉得只有您能胜任。"

"我可不行啊。"

没想到竟然遭到回绝，竹田一脸不解地询问拒绝理由。

"竹田先生，我是个创作人，就像一名工匠。而且，如果我出任总监，就不能参与制作了啊。我的希望是当一个奥运的创作人。更何况，我根本没有资格担任总监。总监需要具有旁观者的观点，能公平公正地判断好坏。创作人通常执着于自己创作的作品，所以难以秉持冷静透彻的观点。交给这样的人管理整体设计，绝不可能顺利。"

"可是，能找到适合担任总监的人才吗？我只认识您这一位设计师啊。"

"是有个不错的人选，胜见胜。他的名字正着念是胜见胜，倒着念也是胜见胜。他和竹田先生同岁，是一位艺术评论家。他评论事物公平公正，毫无偏见，就像他的名字。他是最合适的设计总监，就任用胜见胜，取得奥运胜利吧！东京奥运肯定能成为前所未有的设计奥运。"

胜见是一位艺术家，比龟仓大六岁。他盛赞龟仓等人在战后发起的"日本宣传美术会"运动，借评论声援日本的设计。他最近倾力发行的杂志《平面设计》，虽然销售不佳，却是深具良心的刊物。竹田王子听着胜见的经历，说道：

"如果请胜见先生出任总监，就可以请龟仓先生负责设计海报了？"

"不。"

竹田实在无法理解龟仓的表达方式，明明才说希望负责制作，却又表示不能接手"象征"奥运的海报制作，龟仓的前后矛盾令他无所适从。

"海报太弱了，很难在申奥大会上吸引大众的目光。首先应该制作的是奥运全程使用的会徽。奥运期间，这个会徽将飘扬在日本全国各地。手册、奥运会场、电车、街坊巷道、选手胸前的号码布，就连这支铅笔也会印上共通设计的会徽。怎么样？是不是跃跃欲试？"

龟仓举起手上的铅笔，一脸得意。

"飘扬在日本全国的会徽啊，这个主意很好。所以您会负责设计会徽，对吧？"

"不，不。"

三度得到否定回答，竹田仿佛掉进混乱的深渊。

"这也不那也不，您从头拒绝到尾，到底想怎样啊？"

"我不想独自扛起这个重责大任嘛。不如举办一场设计竞图吧，让设计师们各展所长，一较高下。这可是奥运会啊，当然要分出高下，一决胜负。"

两人迅速敲定了设计整体方向以及奥运会徽。奥运会徽在1964年东京奥运时首度使用，后来每一届奥运都会全新设计。

胜见担任设计恳谈会主席，恳谈会的指定成员陆续决定了主要方向。除了龟仓之外，胜见挑选了新井静一郎、今泉武治、河野鹰思、原弘等七位设计师，以及《朝日新闻》的小川正隆等三位美术记者和评论家。

1960年2月，日本设计中心成立，龟仓是主导者，目标是统整经营和广告。设置在赤坂离宫的奥运筹备委员会，首次召开设计恳谈会。奥运组织委员会的会长和副会长（竹田）共同出席，由此可见重视程度。

站在悬挂着华丽水晶吊灯的赤坂离宫中，竹田的心里百感交集。在"脱离皇籍令"颁布一周后，他就是在赤坂离宫的惜别会上获得天皇陛下勉励的。现在，为了东京奥运，他又回到了这座离宫。

龟仓心里也有一番感慨。战前，新井和今泉身为报道技术研究会的会员，投身致力于政治宣传；日本工房的河野和龟仓，则是从事对外的政治宣传；还有东方社的原弘。二战前就代表日本广告界的五巨头，今日齐聚一堂。

恳谈会首先正式决定龟仓倡议的"奥运会徽的作品竞

图"。胜见一一唱名,指定参与竞图的人选。

首先是河野,在龟仓的名字之后接着出现的是稻垣行一郎、杉浦康平、田中一光、永井一正,总计六位。

这场竞图就像男人之间比画较量的相扑土俵,当然不能轻易言败。

十年来,龟仓带头组织的"日本宣传美术会",除了日本宣传美术大奖的得奖者稻垣之外,其他所有会员也都获选参与竞图。此外,近两年,龟仓召集20位年轻的新锐设计师,成立了"二十一之会",一起切磋研究,其中龟仓、杉浦、田中、永井四人获选。龟仓、田中、永井三人,同时也是刚刚成立的日本设计中心职员。

就日本设计界现状而言,胜见指名的成员可说都是一时之选。其中,最令龟仓在意的是河野。河野算是龟仓在日本工房时期的老师,拥有出类拔萃的实力和成绩。龟仓预测,最后将是自己和河野一对一单挑。

为方便不懂日文的外国人,设计恳谈会决定开发图形文字,作为竞技场、设施等的标识使用,这也是奥运史上的创举,全新的尝试。除此之外,邀请函、奖牌、纪念徽章,甚至是颁奖台、身份通行证,需要设计的东西多不胜数,所以会议上决定集结设计界整体力量投入制作。主席胜见环视在场所有与会人士,以坚定有力的语调说道:

"让我们一起将奥运作为前所未有的试验场，借此一口气提升日本人的美学意识！'日本宣传美术会''世界设计会议'持续进行的设计革命，最后应该在东京完成。诚如龟仓先生所说，这是一场东京设计奥运。"

竞图是必须全神投入的严肃比赛，令人紧张兴奋，同时每个人还肩负重责大任，想必龟仓早已熟悉这些感受。各路人马聚集赤坂离宫的这一天，龟仓全身散发着这股亢奋感。

然而，身为日本设计中心业务推广本部部长，龟仓除了要去"世界设计会议"定期演讲，还得天天忙着四处拜访客户，竟把制作奥运会徽的事忘得一干二净，等他接到催促交稿的电话时，已经是截稿当日了。

"好，好，我当然知道。现在正在做，两点就会去交。"

龟仓此话不假，他真的正在做。他将话筒夹在耳边，右手抓来铅笔和纸，开始画起草图。

一想到奥运，他脑海中立刻浮现出竞技场中的跑道。他用红、蓝、绿、黄、黑色分别画出一条条跑道，然后在正中央放上五环标志以及"1964 TOKYO"的字样。

他拿起草图，看了看，觉得不行，太弱了，这是他一天到晚对助手说的话，但已经没有时间了，总之就先当第一稿吧。

然后，他任凭想象力奔驰，挥笔在纸上画圆。他发现，原来现在脑中想的是圆啊，既然如此，那就画个大大的圆。

画好的大圆再涂上朱红色,就像赤红的太阳。之后,他在下方配上文字,大功告成。

接下来,才是龟仓的真功夫展现之时。熟悉包豪斯手法的他,将大圆向左右扩展到极限,然后拉上框线。这是他长期追求的以直线和曲线构成的龟仓世界。相较于既定的五环标志,他毫不犹疑地画出粗线条,并将通常为五色的五环全部涂成金色。

追求极限简约的包豪斯结构,搭配朱红与金黄的"太阳"色彩,呈现出融合西洋和日本、紧张感与丰饶感的世界。龟仓开始专注地重新审视这幅草图。

"嗯,够强!"

"能看得出来。"

象征希望的太阳光芒照耀五大洲。对一般人来说是太阳,对日本人来说则是日之丸国旗。换言之,这个会徽代表世界的希望,也代表日本的梦想。历经战败,日本复苏之日必将到来,所以唯有向前迈进、迎向未来。设计这幅草图目的就是尝试鼓舞日本人。

从龟仓挂断电话到完成两幅草图,仅过了十几分钟。

著名陶艺家滨田庄司经过长年研究,创造了流挂上釉技法。脸盆一般的大盘,他使用长柄勺迅速浇淋上釉药,全过程只需15秒。运用这项技法烧制的盘子,可卖到数百万

日元的高价。看到他创作过程的顾客说道:"数百万日元的物品,只花15秒制作,太不合理了吧?"针对这类质疑,滨田回答:

"请给15秒加上60年来计算。"

画草图的10分钟,也是同样的道理。45岁的龟仓经年累月养成的深厚功力,都展现在这短短10分钟内。

他唤来助手,以最快速度誊写草图。龟仓抱起两张刚完成的海报,飞速前往赤坂离宫。

评选已经开始了,刚好轮到稻垣结束简报返回座位。他的设计和龟仓的五色跑道图案相似,不过另外加上了圣火台。

"这只是单纯的奥运标志罢了。"

这是龟仓看过的感想。他突然开始担心日之丸横亘在正中央,虽然是崭新美观的创意,但是否会引起争议。会徽必须获得大众的认同。他觉得自己仿佛站在"二十一之会"的讲台上,必须忍住冲动不去讲课。

体格魁梧的河野慢慢起身,气势更加惊人。他的提案以富士山和扇子为主题。龟仓心中忍不住犯嘀咕"好过时的设计啊",丝毫不见他之前为小津安二郎[1]设计电影海报时

---

[1] 小津安二郎(1903—1963),日本知名导演,代表作品《晚春》《东京物语》等。

的都市摩登感。他不禁感叹:"(河野)鹰思,垂垂老矣。"

下一个起身上台的是田中。他从歌舞伎的戏码《暂》中撷取纹样,结合梅花图案,鲜艳多彩。龟仓注意到梅花上方的五环,思考着,田中为什么不在五环上方配置光芒四射的日本呢?他重新认识到,一个简单的会徽,设计却是难上加难。不过,目前应该是田中的方案最亮眼吧。

永井起身。他的一个方案以竞技场为主题,平庸无奇。不过,另一个方案以折纸表现圣火台,充满永井本人的风格。等这个会徽张贴在大街小巷时,是否具有强烈魅力呢?正在龟仓思索之际,轮到他上场了。

主席胜见紧抿着嘴。

胜见的视线仿佛在审视龟仓:来瞧瞧你的大作吧。

这场竞图是我自己提出的,绝对不容失败。他告诉自己绝对不能输,果断地站起身,结果用力过猛,椅子向后翻倒,发出巨响。

他慌忙地展示第一方案五色跑道,以掩饰自己的糗态。新井发出一声"呼",想必他觉得"龟仓也不过如此"吧。在满场尴尬的气氛中,龟仓摊开卷成筒状的第二方案,一语不发地展示在众人面前。

他感受到众人屏息不语,会场内鸦雀无声。场外的蝉似乎更加肆无忌惮地高声鸣叫。

小川出声打破沉默。

"胜负已定。"

胜见交叉双臂,缓缓点头,仿佛是在回应小川的发言。

1964年,日本终于达成夙愿,得以举办奥运会,凝聚所有国民信念的奇迹会徽,九位恳谈会成员无一人提出异议,也无从提出。

在15人环绕的大桌正中央,龟仓雄策描绘的朱红色太阳,散发着耀眼的光芒。

第二章

"我要做强盗"

↑ "招聘少年设计师"广告　转载自《朝日新闻》1934 年 3 月 8 日
↗《夜间飞行》封面装帧　资料提供：龟仓雄策资料室

染成一片朱色的田园,放眼望去,尽是朱红。

因为父亲龟仓龟太郎的不务正业、荒唐放荡,新潟老家没落,一家人只好变卖广大的田地祖产,搬迁到东京的荒芜寂寥小镇——武藏境。1924年秋,1915年出生的龟仓雄策9岁。前一年的大正十二年,刚刚发生了关东大地震。

龟仓初见的东京景色,便是一片朱红。住家对面的后山是一整片红叶林。红叶和林间阳光交错,风吹过林,掀起朱红山林阵阵波动。在新潟时,稻收结束之后,寒冬旋即降临,所有事物都埋藏在白色世界之下,在长达半年的时间里,他每天都生活在雪白和冷冽当中。在年幼的龟仓眼底,尽是艳阳高照的风景。

被染成朱色的东京,盼望新天地的东京。

翌年,昭和天皇即位,拉开新时代的序幕。

15岁的龟仓升入日本大学第二中学。终于等到期盼的秋天。走在住家对面后山的红叶林中,享受穿透叶片缝隙洒下的艳阳,有时阅读,有时写生。偶尔,龟仓会在红叶林中遇见幼童,龟仓开口询问幼童的名字,幼童口齿不清地答道"我叫小舒蒙",龟仓猜不出他的本名是哪两个汉字。肤色白皙、讨人喜欢的小舒蒙,喊着"哥哥、哥哥",紧跟在龟仓的身后。日子一久,两人仿佛亲兄弟一样,每天都在这座红叶林的朱色世界中一起玩耍。

"朱门[1],天黑了,该回家了。"

住家对面传来男主人的呼唤声。

"谢谢你天天陪这孩子玩耍,有空请来家里坐坐。"

对面住的正是意大利文学研究专家三浦逸雄[2],他对龟仓的思想形成影响很大,是龟仓希望的太阳。

三浦没有因为龟仓是中学生就当他是不懂事的孩子,反而当他是同辈友人,与他无所不谈,包括文学、美术、电影、艺术等各种话题。龟仓有些能听懂,有些则不然。可是,三浦的谈话一点一滴渗入了龟仓的五脏六腑。

三浦对龟仓循循善诱,教导他艺术是综合的思想,不能只拘泥于一个领域,还必须涉猎文学、电影、绘画、音乐等。

---

1 三浦朱门(1926—2017),日本作家,代表作《冥府山水图》《箱庭》,其妻子是作家曾野绫子。
2 三浦逸雄(1899—1991),意大利文学研究专家,三浦朱门的父亲,最早将但丁《神曲》翻译引进日本。

所以，当谈到让·谷克多时，三浦引导龟仓熟读多部小说，并说道："电影也要观赏，它是不折不扣的综合艺术，结合了台词、影像、音乐。"

龟仓看遍了美、苏、法等国电影，不知不觉成为电影专家。他偏爱西方电影，相较之下，觉得日本电影低俗不堪，就是看不顺眼。

"日本电影真是糟糕透了，全世界只有日本电影被电影艺术所摒弃。"

"小龟啊，"不知从何时起，三浦这样亲昵地称呼龟仓，"千万别以偏概全。最近的日本电影进步不少，小津安二郎的《大小姐》、成濑巳喜男[1]的《蚀春》、山中贞雄[2]的《几源太·抱寝的长胁差》等，每部都很不错。"

听完三浦的推荐，龟仓直奔新宿的电影院，然后立刻迷上了日本电影。

"小龟将来的梦想是什么？是想当电影导演，还是因为你擅长画画，想当画家？"

刚看完《大小姐》的龟仓，兴奋地滔滔不绝。三浦询问他。龟仓答道：

---

1 成濑巳喜男（1905—1969），日本导演，代表作品《晚菊》《浮云》等。
2 山中贞雄（1909—1938），日本导演、编剧，代表作品《人情纸风船》等。

"电影的确具有综合艺术的魅力，然而脚本、运镜似乎并不简单。但绘画也有难处，鉴于兄长的情况，令我踌躇不前。"

龟仓从小的生活被绘画所围绕。他的父亲四处搜购绘画和书籍，本人也持笔作画。龟仓一家不得不抛售"连接到邻村的广大田产"、远走东京的原因，就是父亲从古董店买到了赝品。然而，父亲的文人兴致并未收敛，来到东京之后，更是趁闲一头扎进了绘画世界。母亲须满的弟弟是东洋美术艺术评论家古川北华，后来成为南画画家，创作了独具个性的作品。龟仓的兄长英治立志成为日本画画家。但是被丈夫的不羁害惨的母亲，强烈反对兄长的画家志愿，母子二人常常发生冲突，争吵不断。不过兄长毫不气馁，仍然考进了帝国美术大学（武藏野美术大学前身）。

龟仓并不讨厌绘画，他只是看不惯那些还未崭露头角的画家，总是傲慢地大放厥词，不可一世地吹嘘"世人缺乏眼光，所以我还没有成名"。而且，龟仓并不打算因为画业去和母亲产生无谓的矛盾。

先不谈这些。龟仓刚刚观赏了电影《大小姐》，非常喜欢它的电影海报，感觉其中潜藏着超越了小津影像，同时也是日本人缺乏的幽默感。他通过调查，发现海报作者是河野鹰思。

"老鹰的思考。"

这位名字令人难忘的平面设计师，1929年从东京美术学校（今东京艺术大学）毕业之后，进入松竹电影公司，在电影海报、舞台艺术等方面，充分发挥着过人的才华。小津的《开心地走吧》《淑女与髯》等电影海报，都出自他的手笔。作品呈现出的现代感深深吸引着了龟仓，他总是兴高采烈地去观影。后来龟仓发现，电影不如海报漂亮迷人，他更加欣赏河野。

河野除了在松竹绘制电影海报外，也参与精装书的装帧和插画。无名画家为了生计兼职设计并不罕见，可是，这样的工作方式容易让画家们感觉有志难伸、郁郁不乐，导致"画家屈才当个设计师"的想法明显表现在设计中。然而，河野的作品却完全找不到这些委屈阴郁，只见到摩登女郎活力四射地跳着康康舞，帅气男士嘴叼雪茄，潇洒地阔步迈进。

龟仓认识了河野这号人物，开始朦胧地觉得或许这条道路可行。当三浦再次询问他时，他答道："设计师。"

就在那一瞬间，茫然、漫无边际的想法逐渐明朗成形，更具现实感。

"没想到你对设计有兴趣啊，既然如此，你知道这个人吗？"

三浦取来卡桑德尔[1]的作品集。

"大约在1925年,画家不再参与制作广告海报,而变成专业设计师的工作。卡桑德尔促成了这次转变。其实应该说,是他开拓了海报设计这项崭新领域。"

龟仓听得入迷。

那是一幅法国铁路公司的海报。海报中描绘的火车车轴仿佛正要启动奔驰向前,搭配漂亮有型的文字"BESTWAY"。

"卡桑德尔通过直觉观察事物,他运用强烈的构图方式,下笔毫不迟疑,所以能突出抢眼。被画家视为玩票性质的海报,他却引入了独特的哲学和美学。卡桑德尔就是这么一号人物。"

三浦翻过一页又一页,电信、铁路、汽船、旅行社,每张海报都明显展现这种特征。

"小龟,你觉得绘画和广告设计的区别是什么呢?"

"绘画是会想专门去观赏,可是,街上的广告则不同,人们不会主动去观赏。虽然,广告会硬闯入人的视野,却无法映入眼底。"

---

[1] 卡桑德尔(A. M. Cassandre,1901—1968),法国平面设计师,其海报受到立体主义的影响,多为直线、几何学的构图,是装饰主义艺术的一代宗师。

"对,对,没错,卡桑德尔说,画家的绘画,就像绅士从玄关正式拜访,而广告就像强盗手持斧头,从窗户强行闯入。"

原来必须具备这种猛烈的强度,才能在街角引人注目。河野的作品摩登美观,却不具备强盗般的蛮悍。既然如此,不如由自己来当日本的"强盗"!17岁的龟仓脱口而出:

"我要当手持大斧的强盗。"

"不错,你要当强行闯入的强盗啊。好,你先给我的杂志试试画插图。"

三浦是第一书房综合杂志《Le Serpent》的总编辑。三浦从未看过、甚至未曾瞄过一眼龟仓的设计,但他或许是从龟仓的身上预感到了什么,于是不假思索地就给了龟仓天大的机会。

龟仓的奋战就此开启,配合《Le Serpent》上刊载的诗和小说,他画出一张张指定尺寸的中世纪版画风设计。

三浦家中举办聚会时,也会将到场友人引介给龟仓,研究法国文学的小松清、研究俄国文学的中山省太郎、画家海老原喜之助、艺术评论家柳亮等人。当小松谈起在巴黎欣赏卡桑德尔个展时,龟仓听得如痴如醉。小松还引导龟仓了解了马尔罗[1]、纪德[2]等作家。中山则传述陀思妥耶夫斯基的思想和魅力。当时陀氏的著作还未在日本译介出版。

小松等人和三浦一样，从未把龟仓当成乳臭未干的小子，而待他如长年往来的友人。龟仓则从不害羞胆怯，绝不忽略任何不懂之处，这些长辈也诚恳地答疑解惑。于是，龟仓仿佛永不满足，不断追寻吸收未知的新世界。

相比于日本大学第二中学的任何一堂课，三浦"校长"和小松等四位"教授"的豪华课程，对龟仓来说更加受用，都成为他的骨肉根基。在这些课程开课时，龟仓还是个一知半解的不成材学生；18岁时，他已经能和大人平起平坐，对谈议论。龟仓的设计就是通过这段时间教养和训练，打下了底子。

然而，他真正的中学入学考试却败阵落榜。父亲在得知这一消息之后，毫不犹豫地向学校申请退学。对龟仓而言，中学也没有任何值得学习的事物。

---

[1] 安德烈·马尔罗（André Malraux，1901—1976），法国作家、文化学者，曾任戴高乐政府的文化部长，曾获诺贝尔文学奖提名，其代表作《人的境遇》荣获1933年龚古尔文学奖。逝后葬于巴黎先贤祠。
[2] 安德烈·纪德（André Gide，1869—1951），法国作家，1947年诺贝尔文学奖得主，代表作有《田园交响曲》《遣悲怀》等。

可是，设计师之路并不是一条能轻松开拓的道路。当时一般认为"设计是画家的私活副业"，所以没有任何公司专门招聘设计师。龟仓没有固定职业，他疯狂迷上了卡桑德尔，立志当个设计师，但设计师在日本没有被视为正经职业。人生导师三浦开始担心他的前途：

"既然小龟你熟悉电影，不如试着帮《Le Serpent》杂志写影评吧。"

龟仓的第一篇影评《日本电影会呼吸》，论述了小津、成濑、山中等导演，刊载在《Le Serpent》1934年3月号上。文中提道：

"日本电影想要进步，日本专属风格必须进步。日本电影和外国电影在风格、感觉上都存在巨大差异。例如，比较小津的《我出生了，但……》和帕布斯特[1]的电影，最后只能归结于民族性的差异。赞颂外国电影的人，根本不了解日本电影固有的氛围与东方人特有的情感。苏联电影因为属于苏维埃，所以才具有独到之处。"

这篇影评广获好评。三浦在下一期杂志上介绍龟仓雄策是"新锐影评人"，继续给他各种撰写影评的机会。

---

1 帕布斯特（Georg Wilhelm Pabst, 1885—1967），德国奥地利裔电影导演。

龟仓也没有辜负三浦的期待。他以"新闻电影[1]的报道社"为题，评论了当时没有人评论的新闻电影。他解析道："在新闻电影的领域中，能具体感受到每个人的生活，这是采访报道的第一步。"虽然龟仓对撰写影评相当投入，但是他无意以此为业。他的目标就是设计师。他梦想着自己能像卡桑德尔那样，挥斧一击，震撼人心。

初中退学后的那年，龟仓每天的功课就是在招聘广告中搜索设计师的字眼。他深信心想事成，总有一天，一定有人会接收到他的这个祈愿。

1934年3月8日早晨，龟仓打开刚送来的早报，他的目光集中在报纸上的一处："招聘少年设计师"。

长5厘米、宽6.5厘米，这则招聘广告刊登在大栏位中，而且主标语和招聘方山岸商店之间还留有空白。空白处上有着手绘的箭头。

日本终于出现这种广告了。龟仓兴奋得像要飞上天。大多数的广告都写得毫无章法，看着粗鲁、疏忽而令版面脏污；在一片杂乱的广告当中，这则广告设计简洁，非常吸引目光，引起观者想要马上联系的心思。就像卡桑德尔

---

[1] 一种传达解说时事新闻的短片、纪录片，在两次世界大战之间、电视尚未普及的日本被频繁制作并在电影院上映。

所说：广告具有强盗挥动斧头、强闯民宅的强度。

广告中这样写道："招聘少年设计师，年纪约20岁，有志成为印刷设计师者，欢迎加入。"

龟仓立刻冲到桌前，动手绘制两幅应聘作品。当时常见的设计是唐草纹之类的图案，龟仓就是觉得讨厌，如果因设计此类图案而获得青睐，他也不想做这份工作，所以不如一开始就明言"绝对不做唐草似的装饰画风设计"。凭着这股想法，他的作品只以几条直线和色块构成，另外一幅则剪贴杂志照片而成。

刊登广告的是共同广告事务所主持人太田英茂，他负责制作山岸商店的千代田发蜡等产品广告。太田原来是基督教传教士，在1926年3月1日，他34岁时，突然获得广告界的瞩目。因为这一天，日本全国的报纸版面刊登了全版广告"花王新装上市，纯度99.4%，售价一个10钱"；除了广告标语外，还配有新产品花王香皂实物大小照片，并搭配旗帜飞扬、从工厂出货的卡车照片。连续几天，太田每天都推出花王香皂新包装的广告："工厂成本的革命""大众打造的大众香皂""为改革社会风气打头阵"，搭配工厂的钢骨结构、百姓家中晒衣场上吊挂的衣服、高架铁路的线架等报道照片，再附上新花王香皂实物大小的照片。

太田深信将前卫艺术引进商业广告,可以宣传新香皂,有助于建立新生活的印象。除了每天的整版广告,广告气球、霓虹标志、电车厢里的垂挂广告、零售店前的旗帜……他动用所有新旧媒体,在日本广告界首度实现了媒体综合运用。花王香皂的年轻销售经理长濑富郎热切希望"确立理想的生产销售方法",加上从来没有任何广告制作经验的太田,这样的两人组合促成了这次的销售宣传。后来,太田创办了"共同广告事务所",这是日本第一家广告公司。

这个公司名称,恰切地反映太田对广告制作的理念。广告不是画家一个人的独立创作,而是设计、照片、文案、媒体、销售渠道等专家聚集一堂,"共同"制作出来的。

太田的事务所开张后,陆续有相关人士前来表示愿意合作。

负责花王香皂新包装设计的原弘、摄影家木村伊兵卫、松竹新锐设计师河野等人,都表示愿意"共同"制作。太田委托在东京府立工艺学校担任教职的原弘挑选设计师。于是,原弘的学生、河野的艺大学弟等,纷纷进入事务所担任设计师。

事务所一开张,立刻涌入大量新商品广告的制作订单。太田一般会先和客商当面洽谈,甚至会对制品原料、制法、技术人员的采用、经营手法等方面提出意见,最后才开始谈广告策划。

对于花王香皂的广告活动,山岸商店的老板山岸德次郎非常感兴趣,所以也前来委托制作。山岸计划将原本瓶装的千代田发蜡改为软管包装,销售对象预设为年轻人。当这项销售活动开始时,太田的事务所已经忙到无暇顾及,必须尽快找到新员工。所以前述的"招聘少年设计师"就是为此目的。

有300多人前来应聘,甚至不乏30多岁的人。应聘人数如此众多,一方面反映了经济的不景气,一方面也因为这则广告确实惹人注目。

看着龟仓的应聘作品,太田问道:

"看来你受过包豪斯的影响。"

包豪斯?龟仓第一次听到这个词,他不知所措,只好沉默。

"知道原弘吗?"

龟仓仍旧沉默不语。

"知道河野鹰思吗?"

龟仓终于听到熟悉的名字,松了一口气。

"我知道,我想成为河野先生那样的设计师。"

"原来你知道河野鹰思,却不知道原弘。不过,不知道也很正常，虽然他名叫"弘"，但发音比较特殊，少有人知[1]。这位的设计非常杰出，但是其实是个外行，本业是学者，不过想法却令人钦佩。"

龟仓心想，现在是禅学对答吗？太田究竟想表达什么，他完全想不通，唯一明白的是自己无法给出令人满意的回答，看来自己肯定不会被录取了。正在懊恼丧气之际，他居然收到了录取通知单。

龟仓当然不明白太田的提问另有深意，龟仓答不出来，才是他被录取的最大原因。

太田从龟仓的作品当中感受到了包豪斯，以为他醉心于包豪斯，并受到强烈影响。假设如他推测，纵然龟仓的作品出色，但充其量只能算是模仿。然而，他发现龟仓似乎根本不知道包豪斯，所以太田思索他或许是受原弘的影响，原弘很熟悉包豪斯。一问之下，龟仓也不知道原弘。换句话说，太田推断龟仓并不是模仿，而是他体内本身就已经潜藏着结构主义的感性。如此一来，即使现在技术稚嫩不成熟，假以时日，这种感性肯定能转化为真功夫。

从那天起，龟仓获得了另一个绰号：少年设计师龟老弟。

面试时听到原弘的名字之后，龟仓也开始注意原弘其

---

1 "弘"的日语发音通常是"Hiroshi"，而原弘的"弘"的发音为"Hiromu"。

人。原弘生于1903年,正好比龟仓大一轮,他的故乡是长野县下伊那郡饭田町,家里从事印刷业。

看来原弘对印刷技术、活字感兴趣,是源于族业。他长期在东京府立工艺学校印刷科执教;他和毕业生组成了东京制版美术家团体,并出任代表;他在学校里研究印刷技术的理论体系,在制作团体中则勇于实践;他赞同在欧洲开花结果的活字运动"新字体排印学"(Neue Typographie)的理念,积极实践汉字的活字设计。

在建筑杂志上,原弘围绕"活版术"一词发表了多篇论文。看来在设计和广告杂志之外,他似乎另有想法。而且,原弘的每张图版,结构和造型都经过精密计算,给人以冰冷的印象,正好与河野的都市华丽风格两极分化。共同广告事务所聚集了当时设计界两位风格迥异的巨匠。身为原弘的第一个徒弟兼助手,少年设计师龟老弟的挑战就此开始。

最初,龟仓连笔都不能摸,主要负责清洗前辈设计师的画具、接电话、看大门以及清扫办公室。河野长得就像写乐浮世绘里的人物,龟仓第一次在事务所中见到他时,紧张万分。"少年设计师龟老弟"一边想着"原来他就是河野啊,就是那个以一张海报建构出小津摩登印象的河野啊",一边将会议室门打开一条细缝,偷听太田和河野讨论广告。

然后,他终于见到了传说中的原弘,消瘦纤细的风貌,如同他作品一般冷冽,仿佛一位追求真理的哲学家,只是擦身而过,都令龟仓紧张万分。

他成为原弘的首席弟子和助手,每天学习广告制作、制版、印刷技术等入门知识,非常受用。但是日复一日,他自己的作品似乎难有出头之日。

"少年设计师的生活过得如何呢?"面对三浦的询问,龟仓嗫嚅地回答:

"一直没机会做自己的作品。"

"我的出版社社长想见见小龟,明天来一趟出版社吧。"

龟仓从武藏境搭乘省线,在市之谷站下车,步行来到第一书房所在的九段通。

"这是本社的书,装帧都是我负责设计,这也是社长唯一的特权。"

面对年轻的龟仓,社长长谷川巳之吉的言谈彬彬有礼,在办公桌上排列出自己设计装帧的书。唐栈[1]木棉质地的封面,皮革褾褙,雅致不俗;西式精装书则是洛可可风格,质量厚重;诗集等采用法国式装帧的书衣,漂亮有型,充满法兰西智慧的风情。

---

1 日本江户时代以后从中国或欧洲贸易船进口的锦织品或仿制布料。

"请你来的原因是我负责装帧,但作品千篇一律。我社将推出几位新作家,打算推出全新感觉的装帧。"

龟仓还未意识到社长正在委托自己设计装帧。长谷川一直关注龟仓为《Le Serpent》杂志绘图的表现,将新作家亮相的赌注下在他身上。龟仓终于察觉到这点,脸颊逐渐涨红。

"请问是哪一位作家呢?"

"圣埃克苏佩里[1],他运用驾驶飞机的经验,写出了有趣的故事。故事主人公是从事危险的夜间飞行工作的飞行员,内容探讨了人类的尊严和勇气。"

龟仓接下挑战,开始创作。枯木倒塌在地,上空飘荡着浮云,再搭配法文原题《VOL DE NUIT》的文字,左侧排进《夜间飞行》的日文汉字书名。

他自信满满地推开第一书房的大门。然而,长谷川看到龟仓交出的装帧,皱起眉头。

"这是驾驶飞机飞行在南十字星闪烁的夜空中的故事,不画上南十字星就没意思啊。"

龟仓步伐沉重地爬着九段通的上坡道,走回市之谷站,

---

[1] 安东尼·德·圣埃克苏佩里(Antoine de Saint-Exupéry,1900—1944),法国飞行家、作家,著名童话《小王子》的作者。

嘀咕着:"画上南十字星,整体变得很俗气普通啊。"

可是,他无法忽视客户的意见,虽然满心不情愿,但仍然接受长谷川的指正,重新画图,加上南十字星座,战战兢兢地递给长谷川。

"画得真不错呀。听说你想成为设计师,给你一个建议,设计师的基本是必须在有限条件当中完成,这点和画家完全不同。"

领到装帧费5日元,揣在怀中,龟仓脚步轻盈地爬着上坡道,电车的当当声从旁边传来,仿佛祝贺他的首份工作顺利结束;同时又像警钟,告知他平面设计必须在有限条件当中发挥最大极限,而非独断专行。

1934年7月,19岁少年设计师龟仓雄策初次设计装帧的书《夜间飞行》上市。翌年,长谷川也将第一书房的招牌书《自由日记》(精装版)交给龟仓装帧设计。

龟仓交出了装帧设计原稿,这次长谷川二话不说就收下了。

和三浦一样,长谷川也是个不可思议的人。他不问年龄经历,就把重要工作交付于人。

撰写影评,为第一书房做装帧设计,每天到共同广告事务所上班,少年设计师龟老弟清洗画笔、接电话,耳濡目染地学到太田的广告手法。这些经验促使龟仓深谙其中的手法——"深入了解从制品管理到完成之间的一切,直接面对经营者,从商品开发到广告,打造系列发展"。

在此期间,太田的事业也蒸蒸日上。他筹划的千代田发蜡软管宣传活动,比花王更热闹盛大。1934年,东海林太郎的《国境之乡》传唱大街小巷,《读卖新闻》邀请了贝比·鲁斯等美国职业棒球联盟球员,将从11月2日起访问日本一个月。太田听到这个消息,打算推出贝比·鲁斯和松竹电影公司人气男星合演的广告策划,然后推销给山岸商店。

"我们付不起贝比·鲁斯的演出费啊。"

"别担心,我都考虑妥当,我们承接5000张慈善比赛的入场券代替演出酬劳,所以不用付一分钱。这些入场券也不会浪费,可以作为赠品,千代田发蜡外盒可当成抽奖券,如此一来,我们根本不用支付演出酬劳,还能增加千代田发蜡的销售业绩。"

11月2日,贝比·鲁斯等美国球员一行人抵达横滨码头。为了一睹"全垒打王"的风采,球迷和新闻记者挤满码头。前辈设计师和负责摄影的木村伊兵卫,在人声沸当中拍摄整头涂满发蜡的松竹男星和贝比·鲁斯握手的照片。男星手上明显握着千代田发蜡软管。

留守在共同广告事务所的办公室里,龟仓画着"准备出发！日美战越演越热！"文字。没过多久，二人从横滨码头返回事务所，立刻冲洗照片，再贴上龟仓描绘的文字，完成草稿。

这则整版广告刊载在11月4日《读卖新闻》上。

第三章

与土门拳的誓约

↑　年轻时的土门（左）和龟仓（右）　资料提供：新潟县立近代美术馆（万代岛美术馆）
↗　土门拳纪念馆开馆纪念海报　资料提供：龟仓雄策资料室

《读卖新闻》邀请的美国球员正转战各地，龟仓雄策忙着处理各种杂务，例如在球场上分发千代田发蜡软管。一个月后，比赛全部结束，美国球员取得18战全胜的战绩凯旋。终于回归平静日常的龟仓雄策，开始埋头制作三浦逸雄委托的《Le Serpent》装帧画，1934年年底完工，他将画稿送到位于九段通的第一书房。返家途中，他照例前往神保町古书店街。他漫无目的地走着，东看西看。

　　闲逛之间，一本黑底封面的大开本对着龟仓大喊："快过来！翻开看看！"

　　书籍随时都在搜寻适合自己的读者，一旦发现，就会大声呼唤。*STAATLICHES BAUHAUS IN WEIMAR 1919—1923* 这本书在那时对19岁的龟仓挥出震撼一棒。大正方形、黑色厚皮封面上是蓝色和红色文字的设计。仿佛真的被人突然叫住，龟仓慌张地翻开书籍。

　　书中机械地排放着独特新鲜的照片，还有家具、雕刻等图版。每一幅、每一页都令龟仓震惊慑服。每翻开一页，冲击力道就加深一层。他根本还不知道这是一本什么书，只知道上面写着德文，所以应该是本德文书。

他打从心底想要那本书，那本书也大喊着："快把我买回家！"但龟仓手头拮据，根本买不起。回到东中野的便宜公寓后，那本书仍旧萦绕在龟仓的脑海当中，久久无法忘怀。"我想要那本书，好想要那本书。"龟仓环视家中，看不到任何值钱的家当，不过自己爱书，收藏了不少书。于是他扛起那些书前往高圆寺的旧书店，只要能得到那本书，他卖掉所有藏书也在所不惜。

龟仓好不容易凑够了钱，第二天又来到神保町。抱着正方形黑色大书回到公寓后，他深吸一口气，定神看着封面。封面的德文究竟写着什么他毫不明白。他只知道这本书对自己造成的震撼。这本书对自己呐喊道：

"你就该走这条路！"

可是，究竟如何迈上这条道路呢？他抱着这本书来到武藏境的三浦家。

"这是德文呢，包豪斯？我没听说过呀。"

三浦一边翻着德文辞典，一边翻查资料，解说道：

"看来它是1919年在德国魏玛成立的公立包豪斯工艺学校，教育系统引进合理主义和结构主义，传授工艺、照片、平面设计、美术、建筑等广泛的综合科目。不过看起来并非只是一般学校，而更像一种实验机构，或者说一种艺术运动。包豪斯试着将校内建立的理念推广到整个德国。这本书就是1923年举办的'魏玛包豪斯展'的图录。"

这种崭新的设计方式令龟仓受到巨大的冲击，合理主义和结构主义带来设计的必然性，既是一种方法论，也是一种思想。

龟仓每天都翻阅这本正方形大开本图录，书中的设计都极具几何感和理性。但是，他最难厘清的是自己为何对这本图录如此着迷。包豪斯究竟是什么？他开始搜购旧书店的建筑杂志。

包豪斯可算是"欧洲美学革命"的中心，巴洛克、洛可可等欧洲之前的艺术样式，主要是为了炫耀权力、提高威信，都是被贵族等权势阶层独占的。然而，工业的蓬勃发展带来了转变。在古代，许多物品只能仰赖工匠一刀一斧地亲手打造，美的事物产量有限，因此，"美"只是少数人的东西。可是，只要运用工业手法，就能大量复制同样的物品；只要原型美观，量产后同样能赏心悦目。量产"美"，为原型赋予"美"，使所有人都能分享，这就是"设计"一词的本源。先锋基地包豪斯正在进行各种实验，积极运用工业手法量产，去芜存菁，设法将"美"最简化。

龟仓完全能了解这种精神,但想不通为何自己的身心如此被深深吸引,于是再度造访三浦。

"受到小龟的启发,我去询问了德语学者,也调查了包豪斯。小龟如此痴迷包豪斯的原因,我想应该是结构主义吧,因为结构主义的价值观凝练为直线和曲线。"

"直线和曲线的结构主义。"

龟仓重复着三浦说的话。

"对了,小龟平常总说讨厌唐草图案。提到美人画,罗德列克[1]算是代表画家了。直到最近,使用唐草图案的法国美人画仍然非常受欢迎,促使很多人模仿。我想小龟大概就是对这种现象嗤之以鼻吧,所以疯狂迷上了卡桑德尔,罗德列克算是跟他截然相反的风格。然而,包豪斯更胜于卡桑德尔,真的只打算以直线和曲线表现美,你看看!"

三浦翻开黑色封面,指着图录上只以圆、三角、正方形组合而成的包豪斯出版社社标。

"这个和小龟所想的不谋而合,你只想以单纯的直线和曲线组成结构,这种手法和目前席卷电影界的河野鹰思的摩登海报则是背道而驰,他没有包豪斯的冷冽,不代表这

---

[1] 亨利·德·图卢兹-罗德列克(Henri de Toulouse-Lautrec, 1864—1901),法国贵族,后期印象派画家,近代海报设计与石版画艺术的先驱,人称"蒙马特尔之魂"。

种方式行不通。总之创作没有对错,这是每个人心底的生理问题。"

通过文学研究专家三浦思路清晰的说明,龟仓恍然大悟,终于了解自己受到包豪斯吸引的理由。

"只以直线和曲线构成的世界啊,我想去包豪斯留学。"

"小龟,那是不可能的,两年前的1933年,包豪斯已经惨遭纳粹毒手。"

"纳粹毒手?"龟仓不禁反问道。

"想必是法西斯主义和包豪斯相抵牾吧。所以成立仅14年的包豪斯,就被纳粹硬生生连根拔起,惨遭废校。"

三浦望向红叶林,似乎感到一阵寒冷。他搓着双手。

"对了,知道川喜田炼七郎吗?他很了不起,开办学校,打算将被纳粹毁灭的包豪斯思想推广到日本。据说曾在包豪斯留学的建筑师山胁岩等人在学校担任教授。"

"哦?真有这所学校?我要去上课。"

20岁的龟仓毫不犹豫地说道。从日本大学第二中学退学之后,他一直在三浦这里跟着一群杰出人士学习。相较于同龄青年,他这样学得更多,所以他从未想过去大学进修。可是,如果是承继包豪斯的学校就另当别论,他想学到包豪斯的本质。

于是"少年设计师龟老弟"辞去了共同广告事务所的

工作，前往银座并木通旁边川喜田开办的日本第一所综合设计学校"新建筑工艺学院"上课。

1902年，川喜田生于东京日本桥，老家是大米批发商。他少年时就读位于藏前的东京高等工业学院建筑科，在校期间去由弗兰克·劳埃德·赖特设计的帝国饭店工地打工，踏出了做建筑师的第一步。在工地，他受到赖特和日本新一代建筑师的直接指导。毕业后，他进入建筑设计事务所工作。

1925年，《水流》杂志刊登了日本第一篇包豪斯介绍文章《公立包豪斯》，是从德国归国的艺术评论家撰写的。川喜田向这位评论家借来从德国带回的包豪斯藏书，自学了包豪斯的设计理论。由于纳粹强迫包豪斯闭校，当时正在此留学的建筑师山胁和妻子道子夫妇不得已束装回国。于是，正式引进包豪斯新式教育的"新建筑工艺学院"在银座建校。

虽然名为"学院"，但其实只有15名学生。被赖特直接传授的建筑师、从包豪斯归国的山胁夫妇能亲自教授建筑和设计理论，对这几位学生而言是可遇不可求的奢侈际遇。

每天上学，龟仓学习着包豪斯的抽象结构理论，觉得无比快乐。此时他没有任何作品产出，但在学校所学都一一成为他的艺术细胞和骨架。他扬言，总有一天他一定要打造出能与"统治设计界和广告界的那些丑八怪一样的惰性表达"正面对抗的美学概念。

学生当中有桑泽洋子,她是《妇人画报》的记者,负责服装和家居方面的报道。还有桥本彻郎,他在银座拥有一家店铺设计事务所,兼营窗帘、玻璃器皿等新工艺品。

三人经常一起喝酒谈天,称桑泽洋子为"桑桑"、喊桥本彻郎为"阿彻",两人则昵称龟仓为"龟老弟"。口袋空空的"龟老弟",每次都让两人请客,他也从不害臊,总是随性豪饮。

然而,被龟仓当成整个宇宙的"新建筑工艺学院",在1936年龟仓21岁那年,突然消失了。

川喜田院长是个特立独行的建筑师,也是一个理想家,难以被世人接受和理解,学校经营逐渐陷入困境,有些课程甚至无法开课。于是,龟仓成为最后一届学生,学院关门大吉。

龟仓自愿帮助学校善后,可见他对包豪斯用情至深。川喜田相当疼爱龟仓,后来也将著作装帧、自己经营的建筑杂志编辑助理等工作转派给龟仓。

正在灰心丧气之时,小松清意外地给龟仓带来喜讯。他打来电话,声音听来茫然不知所措。

"小龟,不好意思,现在能否立刻来东京车站一趟呢?"

反正他现在没有学校,没有工作,只有空闲最多。

"我从神户来到东京车站,要和堀口大学先生一起接待让·谷克多。结果,正打算带着他游览东京时,堀口先生身体突感不适,返家休息。我是神户人,对东京一点儿都不熟,真是伤脑筋啊。小龟,愿不愿意跟我一起当向导带路呢?"

能和让·谷克多见面,哪有推辞的道理呢?不过缘分真奇妙,自己第一次负责装帧的《夜间飞行》,译者就是堀口。现在也是因为他突然生病,才让自己见到让·谷克多。龟仓先抛下琐事,赶到东京车站。

两人带着让·谷克多参观深川的祭典,欣赏在上野举办的日本南画展,然后到浅草漫步闲晃,也见识了银座的夜店。在夜店里,让·谷克多表示想买马口铁制防蝇罩。

"太棒了!"

和年幼的小朱门做朋友,进而和他的父亲三浦建立友情,现在竟然还遇到憧憬已久的让·谷克多,龟仓不敢相信自己竟然如此幸运。

学校和工作两头皆空,但龟仓毫不在意。他还有三浦和其他友人,个个都是千载难逢、求之不得的前辈。此外,他还拥有志同道合的伙伴,总是像饥饿瘦削的野狗,对天大喊"我们一定要名扬天下"!

例如高桥锦吉,他比龟仓大四岁,但是两人却很投缘。

高桥任职神田神保町的三省堂宣传部门。虽然说是宣传，却不是负责在报纸等刊物登载广告的，主要工作是店内装饰和店面招牌的制作。高桥拿起仿佛大油漆刷般的毛笔，蘸满胶彩颜料，不费吹灰之力就能立即画好一块招牌，纯熟的技术可谓登峰造极。

两人在东中野的破公寓中相识。龟仓住一楼，高桥住二楼，偶然的巧合让两人有时借个酱油，有时喝个小酒，逐渐热络起来。问起工作，龟仓才知道对方任职三省堂宣传部门，又发现有共同认识的设计师，更加深了友谊。龟仓在阮囊羞涩时，他就造访三省堂，假装探班。高桥总是二话不说，邀请龟仓到西餐厅吃咖喱饭，然后，借机对包豪斯上脑的龟仓说教：

"不能以为只有包豪斯才称得上艺术，你必须接受世界上所有的美才能开启艺术之门。如果你无法接受漂亮的唐草图案，如何界定资生堂的美呢？所以你得不到工作，而资生堂的御大、山名能得到工作。"

高桥的说教一针见血。的确，通过漂亮的唐草图案一人独掌资生堂宣传部工作的山名文夫，雄踞现在的广告界，无人可以匹敌。

"可是，小龟的这股热情绝不输给任何人。"

高桥深谙软硬兼施之道，总在精准的炮火攻击、令对手倒地不起之后,再伸手救助。龟仓后来也依样画葫芦,经常使用。手绘文字神速、令龟仓咋舌的高桥,后来成为字体排印学的一代宗师。

在走上自己的房间之前,高桥先到龟仓的房间,探头问道:

"明晚有空吗?我带一个怪人回来,一起聊聊吧。"

"怪人?"

"三省堂在镰仓海边开分店,当我画完招牌躺下休息时,一个怪人开始拍照。这个人叫土门拳,拳头的拳。人如其名,他真像个握紧双拳的人,目光炯炯。这个人拍照啊,一下子躺卧在沙滩上,一下子攀爬到高树上,模样非常奇特,像在和照片格斗的感觉。我躺在板凳上,不禁扑哧笑了出来。结果啊,他居然一手拿着徕卡相机,另一手就要挥拳过来,作势扑打。难怪他叫土门拳,不问青红皂白,立刻拳头相向。不打不相识,我们立刻成了好朋友。"

龟仓想着,自己不仅明天有空,后天、大后天、每天都没事。就连有识人之明的高桥都如此表示,应该是个不简单的人吧,见见无妨。

走上二楼的高桥,又特地走下楼来,说:

"这家伙有点麻烦,一本正经,只聊摄影,一提到女人话题,他就发火,立刻拳头伺候。"

土门身穿白衬衫,胸前鼓鼓的,出现在龟仓和高桥居住的东中野公寓。他的肤色黝黑、精瘦,双眼炯炯,徕卡相机揣在怀中,所以胸前鼓鼓的。不将昂贵的徕卡相机挂在肩上炫耀,而是揣在怀中,是使用徕卡的摄影大师木村伊兵卫的作风,龟仓曾在太田事务所见过多次。木村是地道江户人,所以架势十足,自然不做作,但土气的土门东施效颦,看着倒像是揣了只小狗,令人发噱。龟仓不禁笑了出来。

"笑什么?有什么奇怪的?"

土门的拳头握紧,作势挥出。他的确如同高桥所说。

一问之下,土门生于山形县酒田市,难怪他的腔调有种亲近感,原来同是东北地区出身。土门表示自己28岁,当时龟仓22岁,所以土门年长6岁。三人一起来到车站前的咖啡厅。

龟仓遵从高桥的忠告,绝口不提女人,只谈摄影写真。即使高桥年长4岁,土门年长6岁,龟仓丝毫不退缩,他想要放胆谈论自己眼中的艺术,于是谈起摄影的话题:

"在摄影方面,我很欣赏穆卡西[1],他很不错。霍宁根-胡

---

[1] 穆卡西(Martin Munkácsi,1896—1963),匈牙利摄影师,有"时尚摄影之父"的美誉。

恩[1]也不错,但是穆卡西更胜一筹。"

穆卡西是第一位将纪实照片风格引进时尚照片的匈牙利摄影师。可是,听完龟仓的发言,土门一脸"没听过这号人"的表情。受到经常出入家中的艺术评论家柳亮、新建筑工艺学院的山胁等人熏陶,龟仓早就吸收了不少欧洲的摄影信息,也偶尔为杂志《广告界》撰写摄影评论,对摄影有诸多想法和坚持。

"穆卡西是垃圾,布林克-怀特[2]或艾森施泰特[3]的才算是摄影。"

土门像一只斗犬,立刻顶撞回嘴。怀特是一位女性新闻摄影师,作品曾经刊登在《LIFE》封面。艾森施泰特在美国是纪实照片领域的先驱。不过,龟仓并未认输。

"纪实照片才算摄影,这种想法实在过于狭隘。摄影是一门了不起的艺术。现在的欧洲已经兴起了主观主义或新即物主义的摄影。"

龟仓连续说出匈牙利、德国等摄影师的姓名,土门缄

---

1 霍宁根-胡恩(George Hoyningen-Huene,1900—1968),俄罗斯德裔时尚摄影师,多在法国和美国活动。
2 布林克-怀特(Margaret Bourke-White,1904—1971),美国女性新闻摄影师。
3 阿尔弗雷德·艾森施泰特(Alfred Eisenstaedt,1898—1995),美国犹太裔著名摄影师和摄影记者,二战经典照片《时代广场胜利日之吻》的拍摄者。

口不语，他似乎都没听过这些摄影师。龟仓听说土门在日本工房当摄影师，但看来他还是个门外汉。

日本工房是由名取洋之助创立的工作室，他在德国成为新闻摄影师，为了向海外介绍日本，创刊了摄影杂志《NIPPON》。出身于资生堂宣传部的山名和松竹宣传部的河野，都在名取的麾下负责设计工作，一展所长。土门才刚加入日本工房。

名取偶尔会到太田事务所露脸，讨喜的娃娃脸、高胖体格，总是高声调地报上名号："我是名取，太田先生在吗？"那模样十分滑稽。所以，两人虽然从未说过话，龟仓却清楚记得这号人物。

名取受到穆卡西的影响，他运用各种姿势、深入各处拍摄照片。连高桥都看出土门的拍摄方式是在模仿师傅名取。这种拍摄方式源于穆卡西，而土门却说穆卡西是垃圾。

"不对！只有布林克-怀特才能称为摄影。"

土门嘴硬不肯认输，蛮横地中断讨论，丢下一句"我走了"就起身离去。

土门大概气坏了，龟仓认为单纯聊天、一言不合就恼怒的家伙不值得再见面。没想到不到三天，土门又上门造访。

"穆卡西的主观主义太烦人了，根本就是摄影的堕落。"

看来他研究了龟仓谈到的摄影师，发表了自己的看法。

"要逼近对象才是摄影,我拍摄的照片不是穆卡西式,也不是布林克-怀特式,我拍摄的是土门拳式。的确,名取现在使用这种手法,但是他不是摄影师,又不是名家,他没有深入逼近对象的决心,只不过是组合几张照片的编辑。过不了多久,我就会超越他。"

感伤自己仍是"无名人物",担心"是否能成为大人物",但是相信自己拥有"其他人物不具备的才能",所以最后"一定会成为大人物"。这种扭曲的想法,其实是在场三人的共通想法。为了纾解这种没来由的不安和激动,三人经常促膝长谈。其中,土门和龟仓都嗅到对方的这股臭脾气,感觉特别契合。

每到电车末班车的时间,土门一定起身说道:"我们要做出一番成绩。"

1937年7月7日,七七事变爆发。四天后,战事迅速扩大。

土门和龟仓相识之后,在东中野车站前的咖啡厅,一杯咖啡,两人对于摄影论和设计论,争论不休,直到深夜。与此同时,日军在中国的战线迅速扩大,身边越来越多的友人陆续接到召集令,出征战场。

当年4月,龟仓返回睽违多年的出生地新潟,接受征兵检查。过着有一餐没一餐的苦日子,龟仓瘦弱的身子被验定为丙种体格,不需要担心召集令红纸的到来。龟仓逢人便吹嘘"贫穷有时也有好处"。然而在他的周围，战争氛围越来越浓。

"新进影评家龟仓雄策"曾在《Le Serpent》的影评栏盛赞《抱寝的长胁差》，该片导演山中贞雄跳槽到 PCL 砧摄影所[1]，改换东家后的第一部作品《人情纸风船》在 8 月 25 日公映。其拍摄成果惊人，令多方涉猎电影的龟仓都大为惊艳。但是更令龟仓惊吓的是电影片头出现的"举国一致""支援前线"等宣传字幕。一股莫名的不安浮上了龟仓心头。

在报纸社会版报道《人情纸风船》公映当天，山中接到了征兵令，整装出征。

那天看电影时所感受到的不安终于化为现实。两周之后，报纸报道电影导演小津安二郎，以及筑地剧场的当红新剧演员友田恭助奉令出征。小津是在交出《父亲在世时》的第二天出征的，而友田已经 38 岁仍必须出征。

友田的讣闻登出是在 10 月 6 日。报纸照片中的他剃着光头，身上斜披着写有名字的布条，旁边以大字写着"友田恭助战死"。

自己曾在影评中论述的导演陆续被征兵，自己喜爱的

---

[1] 写真化学研究所（Photo Chemical Laboratory）是建立于 1932 年的电影摄影棚，后来合并了京都的 JO 摄影棚，成为今天的东宝电影公司。

舞台剧演员战死沙场，局势日趋险峻，即使属于丙种体格，如果没有工作、游手好闲，恐怕也会被征召上战场。

某个秋日夜晚，三人照例聚首小酌。土门突然没头没脑地说道：

"有没有认识不错的人啊。山名先生突然返回资生堂，鹰思先生一个人忙不过来，日本工房正在紧急寻找助手。"

高桥一边扒饭，一边持筷指着龟仓。

"不行，龟仓去日本工房是大材小用，名取洋之助这家伙很令人头痛，龟仓恐怕会被击垮，才华被消磨殆尽的话，就太可惜了。"

土门和名取似乎有些过节，他的用词相当情绪化，可劲儿地反对。

"不，眼下的日本对设计师而言最好的地方是日本工房，非常适合龟老弟啊。"

土门一副不置可否的态度，问道：

"龟仓，你觉得呢？"

能和自己崇拜的河野共事，当然求之不得，而且再继续闲晃难保不被送上战场。但是，这种事情不好明说，于是龟仓装腔作势地说道：

"好啊，如果是日本工房，我随传随到。"

"既然龟仓都如此表示，我来问问。不过，名取这家伙真的很伤脑筋！"

土门心不甘情不愿地说道。几天后，土门来到龟仓的公寓。

"明天到第一生命大厦七层的国际文化振兴会。名取在那儿等你。"

第四章

日本工房

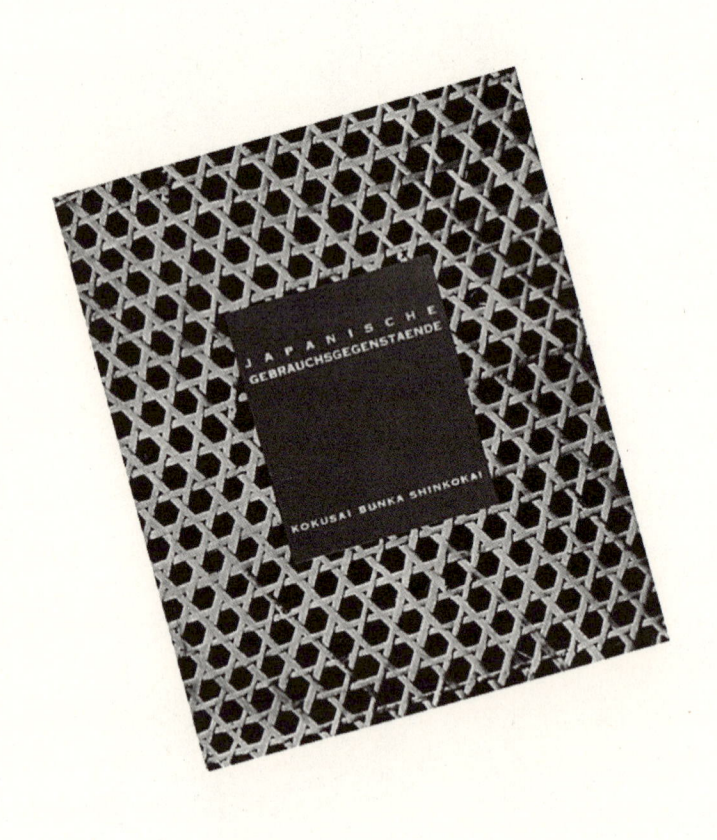

↑　国际文化振兴会"日本日用工艺品展"图录　资料提供：DNP 文化振兴财团

名取洋之助是一个经营多种事业的企业家，是名取和助家的老三，生于1910年。比龟仓大五岁的名取，1928年从庆应义塾普通部[1]毕业之后，独自一人前往德国。

他是个体格壮硕、从小就不爱读书的顽童，升上庆应义塾普通部之后，顽劣不改，据说每天早上都让旅馆老板娘跪在门口行礼，恭送他上学。父亲对于名取的放荡不羁相当头痛。再如此荒唐，他恐怕无法升上庆应预备科[2]。名门子弟只有中学毕业，传扬出去实在面子挂不住，于是父亲想到让他留学，因为"喝过洋墨水、回到日本后就会像镀过一层金，被人们视为至宝"。留学听起来面子十足，其实就是放逐海外。家中兄长木之助的志愿是电气工程学，修完庆应预备科后前往英国留学，如果也把洋之助送去英国，

1　一种五年制中学。
2　1919年，日本政府在各大学名下设立的高等教育部。

只会让他一味倚靠兄长,所以父亲决定送他去德国。

柏林西区的闹区中心有座大纪念教堂。教堂正对面有一家毫无装饰、看似仓库的"罗马咖啡厅",店内的座位可容纳千人。文学、戏剧、美术、音乐等柏林市内各领域的艺术家、文人,甚至流亡海外的俄国人都聚集在咖啡厅内,每晚热闹喧腾。爱凑热闹的名取当然不会放过这里。某天晚上,有一个男人找每晚都露脸的名取搭讪。

"来自东方的人,请坐到这儿来。"

一个体格健壮的四十多岁男人一边微笑说着"我记得你",一边向名取招手。

"前阵子你看了贝克[1]的舞蹈表演,对吧?"

名取点头表示肯定。

"她退场时,在所有观众里你第一个起立鼓掌。那场舞蹈表演的确值得热烈鼓掌,受你影响,我也立刻起立鼓掌。"

名取才刚抵达柏林就听说了爵士歌手约瑟芬·贝克的"香蕉舞"风靡欧洲,所以去欣赏歌舞剧,一探究竟。

十几根缠绕在腰间的黄色香蕉,随着贝克的腰部摆动,不断撞击她黝黑的肌肤,散发出浓厚的香艳风情。歌舞剧

---

[1] 约瑟芬·贝克(Josephine Baker,1906—1975),美国非裔爵士乐女歌手,后移居法国并加入法国国籍,被誉为世界上第一个"非裔超级女明星"。

一结束,名取确实比任何人都先起立鼓掌,然后一个男人跟着起立,大喊:"太棒了!了不起!"

这一晚,他感受到柏林这座城市可以让人毫不拘束地放松舞蹈,加深了他对歌舞剧结束时的印象。

这名男子是冯·魏希[1],年届四十,有贵族血统,他在柏林国立工艺学校担任教授,在老家慕尼黑有一家纺织厂。

从那晚开始,咖啡厅成了冯·魏希教授和学生名取的特别家教课堂。每天晚上,他听取教授直接传授包豪斯思想,享受奢侈的一对一教学。

"大到建筑,小到生活用品,只有合理且带有使用目的的物品,才具有美感。运用适当、正确的材料,统改合理化的过程制成的物品,才会产生美,这就是包豪斯的思想。"

静心思考后,他发现日本"道具"的理念正是如此,于是名取详细解说了日本的住家、陶器、漆器等工艺品设计与用途之间的关系。

"非常好,这就是包豪斯。日本的当代物品美不胜收,真是令人羡慕。"

聆听了教授热情的回答,名取当下就确信"自己应该

---

[1] 西格蒙德·冯·魏希(Sigmund von Weech,1888—1982),德国平面设计师、纺织艺术家、企业家。

从事设计"。可是,自己有没有设计才华呢?虽然找到了要走的路,但他立刻又陷入不安。

"你天不怕地不怕,但是在美的面前却感到畏惧。其实这也是必要条件,对美不谦虚的人,美之女神是不会庇佑他的。对了,你是否愿意去慕尼黑的美术工艺学校呢?只要有我的推荐,就可以无条件入学。"

离开了生活一年半的柏林,19岁的名取动身前往慕尼黑。

他寄宿在慕尼黑中心区旧宫殿附近的咖啡厅三楼。早上,他在楼下咖啡厅用完早餐,然后去学校上课。上午9点到下午1点是设计、构图的商业美术,下午3点至5点则是紧凑的素描课。当然,下课后,他会游荡在啤酒馆,和舞女消失在深夜的街道上。

名取20岁的夏天,这种慕尼黑生活发生了改变。冯·魏希教授为了专心经营纺织厂搬回慕尼黑。对他这种极度厌恶纳粹的德国共和主义者而言,纳粹势力兴起的20世纪30年代的柏林令人压抑。

"你愿意来工厂帮忙,当我的助手兼设计师吗?"教授问道。

名取的第一件工作是莱比锡手工艺展的装饰。这个展览会源自12世纪,历史悠久,已具全球规模,冯·魏希非常重视这个展览会。9月3日,展览会即将到来,名取站在高梯上,在墙面上装设从天花板垂下的厚重布帘。他不经意往下一瞧,发现冯·魏希在场,似乎遇到一位认识的女子,正在相拥寒暄。

栗色短发、知性端正的脸庞,薄唇带点冷淡的印象,紫色合身的洋装裹着玲珑有致的身材,露出修长的双腿。

名取不禁屏息,心想这样的女子就是他的理想对象。他在高梯上愣住,难以动弹。

"喂!别待在那么高的地方,快下来!跟你介绍一下梅姬。"

名取匆忙爬下梯子,走近女子身旁。她看起来比自己年长,应该已经30多岁了,不过容光焕发,近看更显知性。

"她是埃琳娜·梅克伦,大家都叫她'梅姬'。她也是来慕尼黑参观展览会的。她在出版社工作。"

回到慕尼黑之后,名取对梅姬展开了猛烈追求。

每天早上,他先到花店,然后亲自送花到府。梅姬最初对他不理不睬,但鉴于每天早上的鲜花攻势,过了一阵子,她只好从二楼探头答谢。没过多久,名取就成功约她一起喝小酒。

梅姬以为他还是个15岁的毛头小子,然而,相遇当天是名取20岁生日,他毫不害羞地说:"那次相遇,就是梅姬送我的生日礼物。"看着眼前的名取，梅姬不禁心动，没过多久，她称呼名取为洋助。这个洋助，即使看起来只有15岁，却是从中学时期就放荡不羁的猛男，梅姬的薄唇，很快就成为他的囊中物。

某天，洋助和梅姬在啤酒馆遇见一个犹太人，自称在慕尼黑颇有影响力的摄影周刊担任编辑设计师。他非常宝贝他的徕卡相机。名取指着相机问道：

"这台相机，不知我能否操纵自如呢？"

编辑设计师早就等着名取开口似的，立刻回答：

"任何地方、任何事物，徕卡相机都能拍摄，而且任何人都能使用。用上徕卡之后，任何人都能成为记者。"

他洋洋得意地介绍相机的构造，并将相机递给名取。接过徕卡相机，名取觉得相当沉重，不过，精致的机械零件散发着美感，宛若包豪斯的化身。名取想要徕卡相机，只要到手，就能以摄影为武器，在异乡德国生存。然而徕卡相机十分昂贵。

大概出于父亲的吩咐，新年假期时，兄长从伦敦前来探视名取。抵达时，兄长的脖子上正挂着一台徕卡相机，不过返回伦敦时，脖子上的相机已不见了。

编辑设计师教导名取和梅姬徕卡的操作方法，也传授显像方法。两人同居的房间一角，不知不觉地成为暗室。

拐骗兄长的徕卡相机到手,过了半年,名取时不时地带着得意的摄影作品,前往编辑设计师所在的摄影周刊社。不过,他的作品一直未获采用。

有一天,名取和梅姬在学校附近的美食街享用午餐,突然听到有人大喊"失火了"。随着尖锐刺耳的警铃声,几台消防车陆续呼啸而过。两人慌张地跑出餐厅,看到一股浓浓的黑烟窜向蓝天,旁边有人大喊"市立博物馆失火了"。梅姬看着黑烟,说道:

"博物馆正在举办现代工艺展,被火烧了就太可惜了。"

"或许可以拍到照片,我过去看看。梅姬,你先回家准备冲洗照片。"

名取抓起徕卡相机,奔跑前往。他一路狂奔,激励自己不能错过这个跃登世界舞台的机会。然而,抵达市立博物馆时,火势已经转弱,不过,他仍一个劲儿地按下快门。照片洗出来,的确都是火势微弱的作品。

"总之,先拿去报社。"

"梅姬,你是德国人,你去报社谈比较适合。"

梅姬一手拿起徕卡相机,再抱起刚洗好的照片冲出门。但过了很久,她垂头丧气地回到家。

"谈判失败。报社表示已经有了博物馆被烈焰吞没的照片,这些当场就被否决。"

"不过,你怎么过了这么久才回到家呢?"

"我不服气,回家路上又绕到市立博物馆。发现我认识的工艺员在灾后现场拼命抢救作品。因为拍摄他们的作品,才会这么晚回家。"

"太有趣了,我们立刻冲洗照片,报社追踪新闻事件所以需要火势凶猛的照片。可是,周刊杂志不需要报社用过的照片,杂志需要传达的不是事件本身,而是事件发生后的故事。在灾后现场拼命抢救的身影,正是最佳报道。"

梅姬赶紧冲洗拍回来的照片,名取从中挑选。跪在地上满身泥泞的工艺员,从污泥中挖出的大壶特写,捧在手心的黑色小耳环,将挖出的首饰挂在自己身上、笑得开怀、满身漆黑的工艺员,加上名取拍摄的烧得只剩钢架的展览会场,以及指着现场窃笑的围观群众。

摄影周刊社的编辑看到名取带来的这组照片,兴奋地说道:"500马克买断这些照片,请在这儿写上摄影者的名字。"

名取在摄影者栏上签名,当场开心地和梅姬热吻。

一周后,慕尼黑著名的摄影周刊刊登了以《抢救宝物的人》为题的摄影报道,并标注摄影者为"名取"。报道效果立竿见影,位于柏林的欧洲最大杂志社读过《抢救宝物的人》后,立刻聘请名取成为正式职工。他终于可以出人头地。

1931年9月18日,"九一八事变"于中国东北柳条湖爆发。德国国内也越来越注意日本和中国东北的局势,为了制作杂志需要一些日本和中国的照片。可是,杂志社只能找到"富士山和艺妓"的照片,柏林杂志社的摄影部长正发愁之时,突然想到刚签约不久的名取。

"你立刻出发去东京,拍些日本的照片,越多越好。"

1932年3月,杂志社特派员名取回到睽违四年的日本。

名取夜以继日地拍摄东京,停留三个月期间,他总共拍摄了超过60项主题的7000张照片。

回到德国,名取忙着整理照片。除了派他出差的杂志社优先使用照片之外,其他的则通过照片通讯社投递。在信息不足的情况下,名取的照片获得欧洲各界的使用。这趟出差日本三个月的特派员工作,酬劳足够买公寓和私家车了,名取和梅姬的生活日渐安定。

同年10月,李顿调查团的调查报告出炉。为了采访日本和"满洲国",名取再度回到日本。

翌年(1933年)1月,希特勒上台。希特勒取得政权之后,立刻限制外国记者在德国境内的活动。无法返回德国的名取,和梅姬一起留在了日本。

此时名取24岁,开始在日本国内的摄影活动。1934年,他和梅姬二人在银座交询社[1]大楼中创立了摄影通讯社"日本工房"。可是，仅仅销售德国纪实照片根本难以为继，公司立刻就面临燃眉之急。情势之下，名取决定开始深思已久的出版计划。

在德国时，从日本寄来的杂志或印刷品设计稚拙，让名取觉得很没面子，不仅比不上德国，甚至比捷克、巴尔干半岛诸国还要差。他发誓要打造深具水平、能获得海外认同的杂志。现在他成立自己的公司，正好付诸执行。

他的目标是向海外介绍日本的高质量杂志。首先，他需要优秀的设计师，名取看上了松竹的当红设计师河野鹰思。他知道河野每天忙着制作电影广告，但仍然强行求他帮忙。于是，依据名取的指示，河野协助制作封面和内页排版的样本。

办杂志的关键是资金。名取拜访和父亲熟识的钟纺公司社长，请他参考彻夜赶工的样本，并滔滔不绝地叙述自己想打造不输海外质量、足以介绍日本的杂志。

钟纺公司的产品一般出口到南美、非洲、印度等地。有件事令社长伤透脑筋，每个国家都认定日本制品比欧美制品低劣，因而惨遭压价。他觉得如果能有一本具有世界

1　1880年由福泽谕吉提倡建立的日本第一间企业家社交俱乐部。

视角的杂志，传达已经进步为近代国家的日本百态，贸易上一定能够扳回劣势。名取的提案正合他意，他立刻拍板定案，答应提供资金。

这本决定发行的《NIPPON》杂志，设计本来应该由制作样本的河野负责，可是，他接下了多部电影宣传，甚至担任电影美术导演参与拍摄，无暇负责向海外发声的新刊杂志。

名取想起了山名文夫。托父亲的人脉，资生堂社长福原信三和名取早有交情，曾经引介过资生堂宣传部门的首席设计师山名。他想起山名已经离开资生堂独立创业。但山名也是忙得不可开交。但名取用了苦肉计，哭求山名接下了设计委托。

37岁的山名从24岁名取的杂志上第一次体验到了凹版照片排版，并学习到包豪斯思想，最后完成了《NIPPON》创刊号。山名不仅制作封面，还设计了所有内页版式。于是，1934年10月，包含英、德、法、西四种语言的宣传杂志《NIPPON》正式创刊。梅姬陆续收到报道《NIPPON》的报纸文章，同时，世界各地的询问和订单如雪片般飞来。创刊号获得好评，也受到了海外各界的肯定。从第2期开始，结束导演拍摄的河野将接受制作封面。日本工房的两大招牌山名和河野终于到齐。

摄影师却是尚未解决的问题。只靠名取一人当然吃不消，所以他在创刊号发行后立刻在《朝日摄影》刊登助手招聘广告。一个大概是看到招聘广告、脸型像拳头的土气男子出现在办公室门口，仔细一瞧，他的手上正拿着一本《朝日摄影》。这期杂志的封面刊载了男子投稿的照片，照片中是一对在电车里打哈欠的兄弟。这个看似穷书生的男子，自称"土门拳"。

自此之后，土门拳走遍全国，大量拍摄介绍日本的照片。为《NIPPON》拍摄的《伊豆的周末》《跟着感觉走》等作品，成为土门的早期代表作。

名取、土门两位代表日本战后的摄影师在相遇后，对立的关系就有增无减，因为两人的想法其实南辕北辙。

名取认为照片既不是艺术，也不是个人作品，纯粹是一种沟通的手段。对于因梅姬拍摄的博物馆照片当上摄影记者的名取来说，照片是谁拍摄的并不重要，关键在于必须具备创作者的才华，才能组织、编辑这些照片，创造独特的世界观。这是名取深信不疑的信念。

土门拳的想法则不同。相机的确只是工具，但拍照片的"人"则不是。所以照片是作品，必须蕴含拍摄者的思想；因此，拍摄者追求的是赤裸裸呈现自己个性的照片，而不是无署名的纪实照片。

名取自幼过着多姿多彩的奢华生活，见多识广，又在海外熏染了合理性和都市品位；反观土门，总是一身土气，不是穿着脏兮兮的混织白衬衫，就是发黄的开襟衬衫，张口闭口都是摄影理论。两人当然互看对方不顺眼了。在小小的日本工房里，两人天差地别的想法和性格，逐渐形成难以填补的鸿沟。

《NIPPON》创刊之后的两年间，山名在名取的身边扎实学习杂志编辑、凹版照片架构。不过，他离开日本工房的日子终究还是到了。

因为资生堂宣传部部长辞职，公司只剩下年轻设计师，福原社长表示希望山名回归。山名无法拒绝邀请，名取也认为慰留山名无法对福原交代，所以只好答应。

山名必须紧急寻找河野的助手，他询问共同广告事务所的太田英茂是否有适合人选，太田表示"以前有一个职员，能力不错，现在工作正没着落，随时可以征用"。他报上了龟仓雄策的名字。接着，土门也前来推荐。

"有人愿意前来应征，叫龟仓雄策，能力相当不错。"

两人不约而同地推荐同一个人，看来任用他准没错，先见面谈谈，于是名取对土门说道：

"请他明天到国际文化振兴会的拍摄现场。"

走出有乐町车站,往樱田门方向走,就可看见列柱并立、外观雄伟的第一生命大楼,国际文化振兴会在七层。电梯门打开,龟仓踏步走出,脚底陷入厚厚的地毯里,他不禁迟疑地停下脚步。阵阵强风,吹得皇居的护城河波涛汹涌,马场先门[1]前一片郁郁葱葱的松树林映入眼底。

他推开振兴会的大门,室内正在拍摄。在照明灯的逆光中浮现出一头乱发的矮胖男子和玲珑有致的女子的黑色剪影。

在黑影的前方,土门正端握着相机。那个矮胖男子不断给土门详细指示。土门依照男子的指示重新摆设桌上的民间工艺品,那名纤瘦女子突然大喊:

"你快点儿拍啊!"

啊?居然是个外国人,龟仓惊讶地望向那名女子,虽然她说话粗鲁,不过侧脸冷艳动人。土门拍摄完毕,矮胖男子转身对龟仓尖声说话,声调完全不像堂堂男子汉:

"莱比锡正在举办日本民具展,现在要拍摄展览图录。你想一下封面的设计,想好了立刻画草图给我看看。"

这就是27岁的名取洋之助,还有他38岁的妻子埃琳娜·梅克伦,也就是梅姬。

---

[1] 江户城的城门之一,日俄战争后为了填平壕沟,拆除了城门。

龟仓以为能有一两天时间思考,没想到竟要当场构思,这令他惊慌失措,不过他还是设法集中了精神。这次展览,是在德国首度举办的日本民艺用具展,或许可以试着聚焦德国人不常见的素材功能美感,他凭直觉判断,这就是日本的包豪斯。

以往他设法在日常设计当中引进包豪斯,却很难获得周围人的理解。现在正是机会,只需运用直线和曲线表现即可。不过曲线应该如何使用呢?龟仓的身边散落着各种拍摄用的民艺品。什么是最美的功能美感呢?他突然注意到大竹篓,竹编的交叉模样,就是最单纯化的曲线,就是美的极致。

网状交叉模样的底色,必须是漆黑色,就像自己视为珍宝的书籍 *STAATLICHES BAUHAUS IN WEIMAR 1919—1923* 那样。然后再配上鲜红色的正方形,嵌入"日本日用工艺品展"的德文。

当他联想到包豪斯时,其实已经找到了名取测试的正确答案。他立刻开始描绘草图,梅姬操作打字机键盘的清脆声音仿佛在驱赶着龟仓。

他迅速完成草图,交给名取。名取看了之后露出"不错嘛"的神情,递给梅姬。

"很棒啊。"

她以标准动听的德语回答。"好,根据这张草图拍摄那个竹篓的大洞。网孔的下方是黑色,越黑越好。"

名取交给土门的指示很精准,龟仓的设计重点的确是红黑对比。

"这份宣传手册的构图也请你来做吧。不过,必须在两天内完成,因为要交件了,来不及了。"

既然如此,龟仓决定彻底制作能凸显日本素材功能美的手册。对德国人来说,这些不常见的民具想必十分新鲜有趣。龟仓筛选了土门拍摄的照片用来组合制作手册。以往,两人总是为了摄影论和设计论,争论得口沫横飞,从来无法将合作付诸实现,这次终于能有机会合作了。

结束两天的集中作业,龟仓站在交询社大楼窗边眺望银座夜景,一副已经是日本工房资深员工的神情。

名取对《NIPPON》的发行抱有异常的坚持。他觉得这是他的使命,必须向只知道"富士山、艺妓"的海外各国传达日本的真实情况。

他运用留德时期所学的视觉结构,组合刊载带有名取风格的"纪实照片拼贴",这样能立刻让读者了解日本特性。这是他擅长的领域,所以特别讲究、坚持。

例如,主题设定为"纺织厂",照片就不会单单只有工厂,养蚕用的桑田、绢丝厂、上彩师傅的侧脸、织布机、织工的午餐、出货的和服成品、和服批发商、帮忙穿和服的女性等,从源头到下游一切和纺织相关的环节,他都会拍摄使用,只配有最必要的说明文字。可是,当观看这些资料时,即使是完全不懂日语的欧洲人,也都能透过纺织厂立刻了解日本的实际状况。

这是名取最擅长、最独特的编辑方式。

"东京市与市长""现代日本与文化""日本的近代建筑""火山国日本""日本的舞蹈""在歌舞伎首演之前""日本电影的兴盛"。

将名取编辑的标题一字排开,就能看到名取一路奋斗的轨迹。他试着从各种层面出发,让外国人能理解当前的日本。

在拍摄之前,名取会想一遍所有的场景,每个场景各写一页说明文字,通过这些纸思考整体结构,再根据草案进行拍摄。因为脑海中已经清楚确认了需要的照片,所以拍摄起来很快,底片用量也少。然而,忙得不可开交的名取,无法每次都亲自前往拍摄,所以去外地拍摄多半是土门的工作。土门缺乏拼贴摄影的概念,他只想拍到自己坚持的照片、有思想的照片。这点也是两人争执不下的主因。

龟仓能理解土门的坚持,他感受到土门的照片每一张都震撼力十足,但经过组合之后却无法看出主题是什么。土门的照片似乎缺乏纪实的概念。

照片冲洗完后，龟仓根据名取设想的策划案挑选照片。他注意着力道强弱的分配，制作了几页的构图。这一连串的过程通常必须耗费一整天，但名取看到成品之后，总是只有两种说法："看不出来"，"太弱了"。

名取总是能立刻从曝光完成的相纸中挑出一张和龟仓完全不同的选择，那一张照片，的确能够"看出"纺织工厂的情况。名取还会注意照片的大小，让看起来力道微弱的页面组合瞬间爆发出力量。

每天的工作都是这样的来来回回。名取为了具体表现自己的想法，将龟仓当成自己的画笔，龟仓彻夜完成作品，第二天总是被"看不出来""太弱了"驳回，只好再彻夜修改。因为是季刊，不用担心截稿日期已到，可是，名取总是坚持"明天"交稿,逼迫龟仓必须在当天绞尽脑汁地修改。在这种火烧屁股的焦躁当中，有时却会催生飞跃性的进展。龟仓觉得干劲十足，然后名取则会要求更多，"完全不行，根本没深入本质，只是浮于表面"。

他将龟仓呕心沥血努力排版的材料扔在桌上。

"觉得不服气的话，就好好重做。"

他撂下这句话，走回社长室，高高跷起穿着进口皮鞋的双腿，悠闲地抽起了雪茄。这个公子哥儿习惯了对人颐指气使，令人气结郁闷。但是他说的话也确实有理，龟仓只能忍气吞声再彻夜赶工。然而，这时名取也一定是彻夜不回家，等他修改完成。早上修改完成后，他又再提进一步要求。夜以继日中，名取丝毫不受影响，龟仓却瘦得不成人形。两人的合作，简直就像做持续的无用功，永远无法抵达终点。

龟仓尽力回应名取严苛的要求，站在一旁等着结果，梅姬探头观看草图，用她怪腔怪调的日文说："龟兄为什么不画些徽章呢？日本的徽章好漂亮，龟兄没兴趣，这不行哦。"

连续好几天的地狱般熬夜，所有页面的排版终于敲定。结束松竹工作的河野从东银座来到交询社大楼。

持续将近四年的《NIPPON》封面设计，在名取精准的指示下，再加上山名和河野的精确执行，已经到达堪称精致的水平，成为杰作，放诸海外绝对不失体面。

对于封面的指示，名取经常说"给我做成薄薄扁扁的"。

"没有人追求厚重的封面。厚重，会看起来向下沉，向后退。所以，没有深度的薄薄扁扁，才会令人想要拿起来看看。"

在《NIPPON》创刊号封面上，山名的"人偶娃娃"插图搭配近代公寓的扁平化的组合，呈现一种轻快感，能让人更神奇地感受生活在公寓中的日本人。第7期的柏林奥运会特辑封面，河野描绘了正要起跑的外国女选手的侧脸，名取拍摄了平百米世界纪录的"晨曦超特急"吉冈隆德选手正要冲出去那一刹那的全身照，"薄薄扁扁地"放在封面上。仅仅是这样的封面设计，就洋溢出奥运即将开幕的激动氛围。

看到这期特辑，龟仓后悔没能更早进入日本工房。有"世纪奥运"之称的柏林大会，如果自己能参与这期特辑的制作该有多好！关于这期封面，名取只给了河野简短的指示："背景是红色，让翻花绳的手指和指尖凸显出来。"根据这项指示，土门拍摄了缠绕着花绳的指尖和手，让花绳更加显眼，河野迅速打造出一期深具日本特色而不媚外的《NIPPON》。龟仓在一旁帮忙设计刊名文字，他决定尽量偷学河野这种都市时髦风的构图。

进入公司三个月，每天都没日没夜地熬夜，《NIPPON》第15期终于定稿了。龟仓亲眼见到了名取最后的坚持。印刷初校完成时，名取突然暴怒，大声说道：

"这么糟糕的杂志，谁敢发行啊？我拼了老命向国外介绍日本的各种真正面貌，这种烂印刷，只会被人嘲笑日本是个连印刷都印不好的落后国家。如果连这都做不好，《NIPPON》干脆停刊！"

他气得满脸涨红,将印刷初稿撕得粉碎,打开窗户,撒到银座的大街上。递送校正印刷稿的共同印刷公司的保科清春,满脸无辜,委屈地瑟缩在一旁,仿佛他不从名取打开的窗户跳下去就难以谢罪。

名取迫使龟仓挖掘出设计核心,也同样逼迫印刷厂的制版技师想办法调出完美的颜色。虽然龟仓觉得保科被逼得走投无路,令人同情,但是从旁观看时,名取全身散发出对美的单纯追求,令人十分痛快。名取总是文思泉涌,有着瞬间掌握课题本质的判断能力,一眼看透造型的感性,能发现抓住被摄者本质的照片的锐利眼光,还有对事物强烈的执着和坚持。名取只比龟仓大五岁,却是样样精通。

不过,名取对美的坚持讲究,导致公司财政越来越吃紧。虽然有钟纺、富士电机、国际文化振兴会等大型资本和国际团体的支持,资产大户名取家更是最大靠山,然而不计成本地追求美的极致,这种"富二代式经营"终究有其限度。

名取如果想兼顾理想和事业,唯有想法增加《NIPPON》销量,提高收益。因此,日本工房请来了销售员信田富夫。信田毕业于明治大学政治经济学部,在进入日本工房之前,他从不知道这个世界上竟然有人能为美殉身。身处在这群人当中,信田的责任就是提高销量,他当然是煞费苦心,为了能增加一点海外发行,他甚至跑遍了横滨的出口运输公司。他一步一个脚印努力推销的卑微模样,和让·迦本[1]一样的硬汉外表一点也不搭。他认为在这家公司里,除了他没有人在乎销售数字。这股危机感和责任感始终支持着他。

1937年7月7日,卢沟桥事变爆发,日本陆军进一步侵犯中国,日本政府急需介绍日本的对外宣传杂志以维护其所谓的国际形象,于是采购的《NIPPON》册数突然暴增。信田更是频繁拜访陆军省和外务省。

然而,国防外交部门采购杂志的交换条件就是要求杂志主题必须偏向右翼。考虑到荷包空空,凡事成空,无法随意拒绝的信田将要求带回了公司。

向来通过自己兴趣介绍日本的名取,刚开始毫不理会信田带回来的"右倾话题"。

不过,就在名取自己走访当地越来越多之后,发现这个话题的火药味也越来越浓。

日本陆军持续进逼,占领上海、南京、徐州以及武汉三镇。名取发行了《SHANGHAI》。日本工房在上海共同租界成立了上海分公司,河野任负责人,成立了《SHANGHAI》编辑室,增加工作人员,河野也抛弃了只制作宣传国策电

---

[1] 让·迦本(Jean Gabin,1904—1976),二战前法国最受欢迎的电影男星,相貌粗犷、深沉。

影的松竹,开始向战争话题靠拢。上海陆军报道局负责人悄悄向名取建言:

"政府授予我欧美摄影通讯社发送权,愿不愿意派遣从军摄影师跟随陆军呢?"

接受陆军报道局的邀请,日本工房上海分公司同样在共同租界成立照片通讯社,征召大量随军摄影师。名取也担任随军摄影师,和聚集而来的摄影师一起在汉口服役。不过,在子弹满天乱飞的前线,身形庞大的名取只能屈身躲在壕沟当中,根本不能拍照片。

1937年1月,华南派遣军宣传部决定发行期刊《CANTON》。

名取洋洋得意,认为日本工房和工作人员长期发行《NIPPON》已有丰富经验和实力,正好能发挥所长。他将河野从上海调到广东,成立了广东分公司。东京本部的总编则寻访历史学者,动员研究中国文学的学者,编纂各种丰富的内容、有学术风格的报道,还有中国历史、中国文学翻译等文章。《CANTON》充满知性的内容,让人丝毫感觉不到当地陷于战争。更讽刺的是,杂志发行方竟然是战争当事人——华南派遣军宣传部。

名取将《CANTON》的封面制作全权交给龟仓。龟仓将男女老幼的照片放大,制成图版,营造出无景深的平面感。封面中似乎将浮现出一个经由日本转译的"崭新"广东。

第 2 期封面则使用了一位老者的侧脸照，皱纹满布，眼神柔和；背景漆黑，表现无景深的世界，却仿佛即将浮现老者所经历的漫长岁月。龟仓对这幅作品十分得意。然而，印刷完交给名取看时，却得到"这期封面我不喜欢"的评语。

《CANTON》的工作质量不错，于是华南派遣军宣传部又委托策划了新杂志《华南派遣军》，以记录华南的日军在战场和占领区的活动。

制作完成的刊物由河野负责设计，汇集了日本工房特派的随军摄影师拍摄的照片，再加上火野苇平等随军作家的随笔散文。内文全部使用铜版纸，总计 200 页，布面精装，定价 2.5 日元。华南派遣军宣传部十分满意，当即买下 2 万册，打算与将兵分享。

然而，将 2 万册如数交货之后，却出了些问题。原本约定全数购买的宣传部参谋被调走了，继任者只摇头表示"这件工作没交接给我"。连一向吃得开的名取都束手无策，只好哀求信田协助。

"小信，求求你想想办法。"

赶来广东的信田，拿着摄影集样本跑遍各个驻屯地。他不仅拜谒将校也走访士兵，订单陆续飞来。

疲于征战、沉沉入睡的士兵；在战火蹂躏过的街角，独自站哨的士兵背影；战壕中头部盖着杂草的士兵。

士兵希望将自己所处的战场景况和生活状况告知家人。于是，杂志在东京印制、直接寄达士兵家中的服务，大受好评，销售立刻就超过了军方预定数量，高达10万册，信田心头的大石终于落下。

名取和军方的关系日渐深交。7月15日，日本政府决定交回第12届东京奥运主办权，国民深感失望，尤其令龟仓扼腕，他早已立志制作《NIPPON》东京奥运特辑，绝对不想输给河野的柏林特辑封面。

在这些情况下士气更加高涨的名取，与土门之间的争执也变得激烈起来。名取运用所有战争元素设法凸显战争的本质，所以他想要遭战火烧毁的车站全景。可是，面对空无一人的被烧毁的车站建筑，土门毫无拍摄的意愿。去天津拍摄之前，名取交给土门的摄影指示，土门左耳进右耳出，只贴身拍摄在战火下挣扎的天津百姓。

"我让你拍的照片不是这种！给我滚！"

"我拍的是属于土门拳的照片，老子才没空待在这种烂地方！"

土门破门而出，梅姬望着土门离去的背影，低声说：

"日本男人就像金合欢花一样，容易受伤。"

1939年8月，土门成为国际文化振兴会的特约摄影师，月薪150日元，是日本工房的三倍。

土门大方请客，请龟仓享用丰盛的炸猪排。他对龟仓说道：

"那种地方不待也罢，龟仓难道永远甘当名取养的宠物吗？"

土门、河野相继离开日本工房，龟仓第一次全权包办了《NIPPON》第 19 期，从策划到封面都由他负责。

第五章

国际报道工艺

↑　龟仓雄策（左）和河野鹰思（右）　摄影：信田富夫　资料提供：新潟县立近代美术馆（万代岛美术馆）

1938年11月日本实行国家总动员法，企业活动进入极度艰难的时代。社会上推行"收购黄金""回收铁制品"等运动，随处可见"奢侈是大敌"的宣传标语。企业没有商品能销售，陆续撤销宣传部门，重新分派宣传部门职员。

然而，为了因应国策，内阁情报部企图加强对外宣传组织，这正好契合名取洋之助的心思：提高纪实照片的意义和地位。广告的身影逐渐在日本消失，委托案件却都多半集中到日本工房。原本对设计吹毛求疵的名取，现在则变成得过且过以便争取时间。他每天都去陆军宣传部和内阁情报部报到，不久，就发出豪言壮语：日本工房将会变成百人规模的公司，赶快寻找能容纳百人的办公大楼。

随着战事日渐严峻，东京市内的新建筑案减少，可供租借的办公楼早就供不应求。

"我和老朋友一起经营的舞台美术学院将要解散，之后场地可供你使用，你觉得如何？"

河野鹰思带来这个小道消息，名取立刻答应。场地位于筑地木挽町，在筑地河岸边，一栋文艺复兴样式的四层大楼，外观高雅别致。

由于纸张不足、出版加强管制，如果继续维持名取的个人商号"日本工房"，将无法确保稳定的印刷用纸和照片的出版。于是，借这次搬迁，名取决定将日本工房改为股份制公司。在公司名称登记栏填入"国际报道"之后，名取停下笔。他觉得自己在中国闯荡期间，必须仰仗龟仓在东京撑起设计骨架，公司名称也应该顾及龟仓的心情，因此，在名称之后再写下"工艺"二字。于是，日本工房改组为名字奇妙的"国际报道工艺株式会社"，于1939年5月，经河野的介绍搬迁到新办公楼。

日本工房的债务结算、新公司的启动资金，林林总总加起来要超过20万日元，换算成现在的币值将近2亿日元。为了确保资金，名取变卖了父亲生前转让的股票，不足部分则靠母亲的资助。名取认为"战争是一门生意"，但他生意经的根底中，潜藏着土门深恶痛绝的"富二代"体质。

发行杂志以《NIPPON》为主力，同时发行各种杂志，例如，贸易组合中央会的《商业日本》；龟仓策划的改为定期发行的《NIPPON》特刊；日本广东军宣传部的《MANCHOUKUO》；"满洲"铁道的《东亚》；华北派遣军宣传部的《SHANGHAI》；中央派遣军宣传部的《CHUNGHUA》；华南派遣军宣传部的《CANTON》。出版管制越来越严格，各家出版社忙着确保印刷纸张，苦于出版策划，国际报道工艺株式会社却能奢侈地使用全页铜版纸、照片、彩页，陆续发行无论销往何处都足够有面子的印刷品。

公司握有世界通讯权，可确保他们拍摄的随军照片通行全球。同时陆续派遣签约的随军摄影师前往军队。随着东亚战事的扩大，派遣地区也扩增到中国以外的地区。

摄影集《华南派遣军》的成功，使得信田富夫推动为各驻屯区制作摄影集，以便寄送至士兵家中，此举受到士兵们的热烈支持，也成为国际报道工艺的大宗收入来源。信田还在中国各地策划了组装式移动摄影展举办。日本国内则在三越、高岛屋等场地，举办大型"国际报道展"。展览也确实掀起了参观热潮。名取乘胜追击，创立了出版社"名取书店"，出版了《CANTON》上刊载的中国文章的日文版，还翻译引进中国文学书籍等。

公司逐渐做大，先后在长春、上海、香港、大阪等地设立分公司。

1940年1月，"日美新通商航海条约"缔结受挫，日美关系趋于冰冷，名取在与纽约摄影通讯社履约时变得窒碍难行。从日本寄送照片到美国，经常出现美金无法托收的情况，最后只好放弃从东京发送照片的业务。

其他事业也必须设法处理，否则岌岌可危，例如，通讯社业务转移到外币交易相对自由的上海或香港。名取通过敏锐的第六感迅速进行各种准备。无论策划设计多么精致美观，无法付梓印刷杂志就会难产。印刷这道重要工序，全部设在东京的话，风险过高。在东京策划、编辑也在东京印刷的体制，恐怕导致杂志无法持续发行；纵使发行无碍，如今也只能够对内阁情报部唯命是从。如果能在上海等地确保印刷厂，国际报道工艺就能出版独立策划，不必听命于人。

然而，上海有大量用纸和高技术的印刷厂，全都是外资企业。名取苦思获得这些工厂的方法，他想到即将和英美开战，届时上海的租界将会落入日军手中，所以只要说服上海陆军宣传部，就必定能取得国际报道工艺所需的印刷厂。

刻不容缓，名取立即在宣传部四处打点，稳固关系。

万一日本跟英美开战，战场不仅限于中国，必然会扩及东亚全域。泰国、越南、印尼、新加坡等东南亚地也将成为目标，日本情势宣传刊物的需求量肯定增加。内阁情报部现在就已经秘密委托调查法属印度和泰国的杂志状况，名取也随即派法国文学学者小松清去当地调查。

小松的调查报告显示，在他国所属的殖民地进行宣传活动并不容易，因此从未被占领过的泰国非常适合宣传活动。首先在泰国试行，再活用所得经验，在东亚所有地区进行活动，还不算晚。

名取和内阁情报部秘密准备发行泰语版的日本国情宣传杂志《东亚画报》。如果在整个东南亚的国情宣传杂志能够上轨道，公司经营也能随之稳定，他就能脱离狭窄的日本，自在遨游在中国和整个东南亚。

在泰国发行对外国情宣传杂志一事终于秘密敲定。名取在公司大楼地下室召集全部职员。从交询社大楼迁移到新办公大楼时，职员原本是50多个，仅仅一年就增加到了76个，另外中国特派员增加到了32个。当初名取发下豪言，说公司将扩员到百人，根本没人当真。然而，名取通过挟制内阁情报部和陆军宣传部，果然实现了这个宣言。

"往后我的活动据点将转移到上海。今后，东京总公司的营运总负责人是饭岛实，美术部长是龟仓雄策，摄影部长是藤本四八，业务部长是信田富夫，请大家齐心协力。"

饭岛比名取大10岁，是《NIPPON》创刊以来的总编辑。他总是能安抚如脱缰野马般的名取，是协助培育小公司日本工房成长为百人大公司的功臣。国际报道工艺核心的设计工作,托付给今后的核心骨干、后进的龟仓。25岁的龟仓神情紧张地听着这项人事任命。

结束宣布事项,名取叫住龟仓,一起走到贵宾室。名取慎重地将门上锁,龟仓这才发现室内坐着内阁情报部的官员,小松居然也在。小松是当年通过三浦逸雄介绍认识的,年轻龟仓受到他的熏陶,获得法国文学艺术精髓的扎实指导。两人还曾经带着让·谷克多游览东京。那天之后,转眼已经过了四年。

"原来你们认识啊,那就不用客套了。不过,龟兄的人脉真广,没想到连法国文学都早有涉猎,你究竟还有多少压箱宝没展示出来啊?"

小松说明,只要泰国的宣传活动能成功,就能成为今后整个东亚的参考实例。

"龟兄,麻烦你打造一本泰国版的《LIFE》。"

在名取式话语的砥砺刺激之下,龟仓就任了泰语的日本国情宣传志《东亚画报》总编辑。

名取和梅姬移居上海,龟仓搬到清空了的赤坂灵南坂西式公寓。一个月房租50日元,对单身汉而言是非常奢侈的。不过,他在日本工房时代的底薪35日元已经涨薪到120日元了,另外龟仓还兼职《广告界》《妇人画报》等工作,所以他付得起这份房租。这是他第一次住进像样的家。他依自己的喜好设计了所有家具并委托家具店制作。龟仓也曾经想成为家具工匠,所以曾向这间家具店的师傅拜师学艺。

屋内的墙上还悬挂着他钟爱的海老原喜之助的作品《市场》。

19岁时,小松告诉龟仓"一位备受瞩目、有'海老原蓝'之称的画家将从巴黎归国"。

在三浦家中认识海老原之后,龟仓就爱上了他的画作,也曾跟随其前往画室参观。画室中摆放的作品《市场》,是一幅约4号[1]尺寸的小型画作,用了鲜艳漂亮的海老原蓝。龟仓每天前往画室观赏这幅《市场》,总是入迷。面对每天不辞辛劳前来的龟仓,海老原终于投降了。

"你这个穷酸小子,我不能从你身上赚钱,算你画框成本的15日元就好。"

挂上几乎算是抢来的《市场》,再装饰上名取留下的多件收藏。大实木桌铺上桌巾,果盘盛装苹果,再装饰金合欢花,宛如置身于巴黎公寓当中。街上的国民服[2]越来越常见,在目前的局势下很难见到这样时髦的住家。土门前来拜访新家时,只说了句"你真行啊",就再也不说话了。土门硬

---

1 约33厘米×21厘米。
2 二战时日本在物资管制下追求简单合理化的一种男性日常服饰。

汉似的外表下，其实藏着如同金合欢一样的易脆心灵。

安顿打理完住家之后，接着成为符合屋主身份的摄影记者。他要打造泰国版《LIFE》。要促使国外人士透过《东亚画报》认识从未见过的遥远异国——日本的生活方式，进而对日本产生兴趣，产生亲切之情。

龟仓想到，或许第一期的主题可以做"日本的近代美术"。可是，如果只将画作罗列在纸上毫无意义。小松告知他，泰国是一个几乎没有美术热潮的国家。如何才能吸引对绘画没有兴趣的人呢？

试试画家和模特吧。泰国女性对日本年轻女性的生活方式应该会好奇。身着洋装的女模特拜访画室，然后换上和服。如此一来，可以传达日本东西合璧的生活理念。画家作品则低调展现日本近代美术的水平。最后重点在于并列相同姿态的照片和绘画。绘画和相同构图的照片，一定能够吸引视觉注意力。龟仓只花费短短几分钟进行思考，就拿起铅笔开始绘制草图。

他加入主题"画家的模特"，然后写下照片组合的脚本。从下标题到排版完成，不到 15 分钟。但是，龟仓的脑中已有了扎实架构的故事和目的。

非常凑巧，经常参加文化展览的画家表示愿意参与这项策划，全力协助绘画和拍摄。龟仓立即召来摄影部长藤本，向他说明了脚本。藤本和助手经过缜密讨论之后便出发拍摄，龟仓则未同行。

拍摄目的明确，拍摄对象也已锁定，拍摄现场自然可能发生不如预期的状况，这时应该如何应对解决，就是摄影师的工作。如果龟仓一同前往现场，或许会体谅拍摄的辛劳，选择委曲求全。因此，龟仓刻意不随行拍摄。

两天的拍摄后，藤本回到公司，的确拍到了龟仓所需的照片。龟仓以编辑和设计师的观点，拣选适合的照片，一心只为打造泰国版《LIFE》。

他挑出 11 张底片来冲洗，再吩咐两名助手负责排版，完全不需要任何对调或排列的调整，因为故事最初就已经考量周全。对于负责排版的助手，他只是不断重复那两句话——"看不出来"和"太弱了"。最后，终于能够"看出"日本年轻女性生活状况以及日本近代绘画"实力雄厚"。日本和服说明文章和文展画家简历，译成泰文，使用专为杂志制作的泰文活字。龟仓完全不懂泰文，可是看惯欧美文字的他，觉得泰文充满新鲜的惊奇感。

1941 年 12 月 1 日，泰国版的日本国情宣传杂志《东亚画报》出版，跨出亚洲宣传出版的第一步。

名取从上海回国。

"龟兄啊，你果然不负所望，打造出了《LIFE》呀。虽然现今局势逼人,行事常出于无奈,我实在不忍心看到山名得全力制作《击退敌人》那种广告,相较之下,龟兄真是幸福,还能做日本近代美术的主题呢。对了,我从情报局得知东方社即将出版原弘负责的《FRONT》,龟兄,你可别输给原弘啊。国际报道工艺的明天都得靠你这位美术部长龟仓雄策了。这本我就先收下了。"

名取一拿走热腾腾出炉的《东亚画报》,就从办公室消失了。然后,他在筑地川岸边密会一名男子——共同印刷公司的保科清春。

每逢《NIPPON》校色稿完成,名取总是怒发冲冠,把保科骂得狗血淋头。保科最初被骂得惊慌失措,后来也越挫越勇,能应付名取严苛的要求。两人之间也产生了深厚的信赖,相知相惜。

体格壮硕的名取悄声在保科的耳边说道:"我要在中国打造最好的印刷公司。保科先生,一起来上海打拼吧。你的技术可以为中国人所用,中国可是印刷文化的发源地啊,我希望打造中国的印刷产业,不辱印刷始祖之名。"

名取再次压低声音,说道:"日美即将发生冲突,一旦成真,日军将进入上海租界,英美资本的印刷所就能到手。拜托了。"

名取在取得保科的首肯之后,硕大的身躯消失在银座的暗夜中。

"龟兄啊,你果然不负众望打造出了《LIFE》呀。"

耳边响起名取尖锐的声音,龟仓再度拿起刚印制完成的《东亚画报》,全本铜版纸,分量十足。在出版管制下,各出版社都疲于奔走,确保用纸,自己却能一本接一本地出版如此豪华的画报,真是身在福中。他想起名取提到的山名现况。

一年前,日本内阁情报部改组为日本情报局,山名捎来了一封通知信。那时,社会大众正欢欣鼓舞地庆祝日本纪元2600年,从11月10日开始连续五天长假,准许白天饮酒,也配给做赤饭用的糯米。龟仓记得大白天就有喝得烂醉的男子,怪腔怪调地哼唱着"现在是纪元2600年",左摇右晃地游荡在银座大街上。山名的通知信末尾写着:

> 情报局设立后,组织进展顺利,然而,联通政治、经济、文化、国家、国民的报道技术,却仍滞留在幼稚、不成熟的领域,甚感遗憾。期许自己通过国家报道的技术实践,贡献国家,请共襄盛举,并惠赐建言和协助。——报道技术研究会委员长山名文夫、常任委员新井静一郎、今泉武治

读着研究会成立的通知，龟仓心情沉重，感叹局势竟已至此。山名原本负责资生堂的宣传，新井也是森永制果的宣传课长，今泉则是宣传次长。资生堂停产化妆品，再加上物资不足，现在只能制作"请回收空瓶"这类不算广告的广告。森永、明治两家乳企协商停止制造糕饼糖果，牛奶也变成配给制，广告则沦为非必需品。森永乳业的宣传部门被废除也是短短半年前的事。

即使真有商品需要制作广告，这些早已尝过广告标语撰写、设计酸甜苦辣的广告人，就像麻药成瘾者，已嫌刺激不足。既然没有商品可卖，干脆委身于国家报道。于是，广告人开始竞相制作战争广告。

40多岁的山名也不例外。他将擅长的华丽少女和唐草图案摆在一旁，改画枪支。森永的新井也不再唤起儿童的玩心，决定加入鼓动国民支持战争的行列。

同年2月，情报局主办了"太平洋报道展"，由报道技术研究会（简称"报研"）制作，在资生堂画廊展出，龟仓也曾前往参观。他一走进会场，就看见从高空俯瞰大海的照片，搭配手朝下指的聚焦照片，两张照片中间的展板上，新井以明体字写上"击破千古不变的静谧，太平洋上袭来诡异的浪潮"。

龟仓感到无比震撼，感伤于这样的时代终究来临了。

资生堂画廊原本只陈列展示女性美的作品。但现在这座画廊居然装饰着军号照片。如果山名一直在日本工房，向来偏好华丽唐草图案和少女风格的他，或许就不必和这些蛮横低俗的展板打交道了。想到这儿，龟仓突然觉得过意不去，在资生堂画廊门口踟蹰不前。

"太平洋报道展"之后，日本的国家宣传活动日趋狂热。其中那些让龟仓直犯嘀咕的活动，总有"报研"的影子。

"奋斗的德义展""飞上青空少年展"，每项工作成果都很显著。报纸无法如期发行，所以打造舆论的崭新手法就是组合三片美耐板[1]，以此结构诉诸大众。山名通过向名取学到的照片组合法，创造出"组合海报"这项新的媒体手法。山名的雄心壮志甚至让龟仓觉得未来一片清朗，可是一想到山名、新井逃难到"报研"的风险，又令他心痛不已。两人都是杰出的表现者，如果不用被卷入情报局野心当中，那该多好。

相较之下，自己能负责编辑《东亚画报》，真算是上天眷顾了。当龟仓闻了闻刚印好的凹版印刷油墨味，双手抚摸泰国国情宣传杂志，沉浸在一种虚无缥缈的愉悦时，信

---

[1] 美耐板是用含浸过的进口装饰纸与牛皮纸层层排叠，再经高温高压压制而成的材料，用于制作广告或展览板。

田突然冲到他眼前。

"《东亚画报》出现劲敌了！真不愧是原弘，不容小觑。我从情报局拿到了东方社刚印好的《FRONT》。"

总是潇洒帅气、像是法国影星的信田异常亢奋，龟仓也受到影响，连忙探前观看信田翻开的这本《FRONT》。

龟仓一眼就看出是木村伊兵卫的照片。年轻海军队列侧脸衬着浓烈阴影的封面，以橘色字体写着"FRONT"，搭配上排列美观的英文字体。A3尺寸、64页的凹版杂志。黑白照片的大海部分洒下一些蓝色，下一页则整面铺上橘色，充分提供读者阅读时的惊喜乐趣。对开页是以仰角拍摄的战舰"陆奥"号长长的主炮管照片，震撼力十足。看来此刊曾参考过苏联的凹版照片杂志或《LIFE》，制作尤为精美。原弘既是府立工艺学校的教师，又在太田英茂的共同广告事务所埋头组合文字排列，只有他才能达到这种水平。龟仓点点头，低声说道：

"信兄，看来出现难缠的对手了。摄影也好，设计也好，都相当出色。没有海军的全面支持很难达成，是绝对无法在教书之余完成的。"

"我听说原先生辞去了学校教职。现在没有广告可做，培养学生也没意义吧。所以他才转到了东方社。"

"原来他埋头制作了不输国外的国情宣传杂志啊。"

"光是这期《FRONT》创刊号,听说不只俄文和英文,还将大张旗鼓地制作缅甸文、巴利文、蒙古文等全部13种文字版本,发行海外。看来,东方社对上了国际报道工艺,两军开战了。这场战争我们绝不能输,也绝对不会输!我马上去情报局。"

信田匆忙离开,办公室中恢复宁静,留下《FRONT》和《东亚画报》躺在桌上。龟仓望着两本杂志的封面,感触颇深。

以前,对他来说,原弘是个望尘莫及、高不可攀的存在。今天,看到这本刚印好的《东亚画报》,他和原弘能并肩站上同一座土俵了。

按照信兄的说法,龟仓自言自语道:

"龟仓雄策和原弘开战了,这场战争绝不能输,也绝对不会输!"

一周后的12月8日,收音机插播新闻快报,播放着军舰进行曲。新闻播报员以兴奋的口吻传达日军攻击夏威夷珍珠港大获全胜,日本和美国正式开战的消息。

真正的太平洋战争爆发了。

第六章

每个人的太平洋战争

↑ 《FRONT》第 1 期复刻版　平凡社，1989 年
↗ 《东亚画报》第 1 期　资料提供：新潟县立近代美术馆（万代岛美术馆）

名取洋之助、河野鹰思、原弘、山名文夫、新井静一郎、龟仓雄策，这几位战前引领广告界的翘楚，一视同仁地被战火烧到了跟前。每个人只能顺从时代，各自奔走，以各自的立场和方式迎向战火，甚至被迫火上浇油。

首先是名取洋之助。开战那天的午后，在上海共同租界香港路上由英国人经营的印刷厂里，他召集工作人员，宣布道："本公司将纳入日本陆军宣传部的管理，我已获得委托经营权。明天将在工厂沙龙举办经营权移交宴会。"

名取兴致高昂地视察印刷厂，除了英文活字外，中文活字也已备齐，还有 10 台大型英国制印刷机。他心满意足地与印刷工握手："明天，公司将改名为太平出版印刷公司，就是各位的公司了。一起努力吧！"

12 月下旬，共同印刷的保科清春来到上海。太平出版印刷公司总经理名取、经理保科，再加上一百多名印刷工人，改制后的公司正式开工。

名取计划积极向中国介绍日本文学作品,因此必须加强中文翻译出版。他立刻找到住在南京的诗人草野心平,创刊了少儿月刊《新少年》。他又说服女性作家田村俊子发行了妇女月刊《女声》:"希望您打造一本促进中国女性独立自主的杂志。"

名取仍热衷于印刷事业,先是河野抛弃了"一头热"的名取,随后上海分公司的职员陆续离职,名取的事业陷入停滞。

1944年,美军在中国湘桂地区建造空军基地,加强对日军占领地区的攻击。而日本本土的九州遭到空袭,清楚说明了目前局势——再不设法应对,在中国的制空权将要丢失。于是,陆军主力发动攻势打击美国空军。

名取接下了豫湘桂战役的从军报道和占领地区宣传活动,组织"名取宣传队",还派出多位太平出版印刷公司的宣传员。

名取也因此目睹了中国战场的真实状况:日军发动攻势,每支部队都将村庄烧毁殆尽,抢夺粮食,虐杀妇孺。他终于明白了1亿日本人和4亿中国人无法齐心协力的原因,自己居然还高唱什么"日中友好",现在需要的根本不是安慰中国人,而是对日本军人的道德教育!

名取回到南京,直接找上素有往来的陆军南京总军宣传部长。

"豫湘桂为了攻势虽然重要,但是这种做法绝不会长久。"

"你说的没错,但现在为了掌握制空权,前线抱着必死的决心奋战,哪有余力搞军队道德教育?军方希望名取宣传队来提供协助。"

回到上海的太平出版印刷公司,名取让保科紧急印刷大量海报和传单。许久未再设计海报的名取,这次使出全力,通过文字传达自己的熊熊怒火。

"不要烧毁!不要抢夺!不要施暴!"

保科看到名取的设计,问道:

"做这种海报,你不怕被砍头吗?"

"不怕,我都已经谈好了,公司将负责道德教育,所以要大量印刷海报。公司的高性能印刷机一定能印出效果绝佳的海报。还要扩招宣传队员,征集画手。"

名取宣传队跑遍驻屯所,四处张贴"不要烧毁!不要抢夺!不要施暴!"的海报。

然而,日军还是失去了制空权。盟军战机从中国起飞到九州,空袭日益频繁激烈,日本逐渐化为一片焦土。

接着是河野鹰思。1941年11月,他收到一封急件信函。打开一看,是张白色的征兵令,写着"十一月二十一日上午七时,前往本乡区公所报到"。他想不通,为什么要征用手无缚鸡之力的自己。可是无论收到红纸还是白纸,只有服从一条道。河野虽然心不甘情不愿,也只能在规定时间前往本乡区公所。

抵达后,他大吃一惊,发现来报到的都是经常在银座见面的文人、画家、摄影师等熟面孔。作家井伏鳟二也在场,他还问作家今日出海[1]:"今天是法国文学家聚会吗?"

河野不禁扑哧笑出声,心底揣测着军方到底有何企图。军方将众人分为四班,陆续以军用卡车载运出发。河野搭乘的卡车抵达了六本木东部军司令部的军营中庭。这个班除了记者大宅壮一之外,还有作家武田麟太郎、北原武夫、诗人大木敦夫、漫画家横山隆一等,会集了电影导演、作曲家、摄影师、辩士等所有领域的文化人。河野看见旧识的设计师,稍稍安心了。

河野这一班"奉命为第十六军宣传班",在冷冽的寒冬,却只发给每个人麻料衣服和短裤。难道驻扎的目的地是南方?

---

[1] 今日出海(1903—1984),日本小说家、评论家、舞台剧导演,日本首任文化厅厅长。

这些被召集来的文化人开始制作海报，以便登陆敌方阵地之后作为宣慰材料。海报文字是印尼文，还制作了红白民族旗帜"Merah Puith"（印尼语：红白）。第16军的目的地似乎是荷属爪哇岛。宣传班必须在三周内完成所有宣慰用品，以供登陆敌方阵地之后能立刻分发使用。做这项工作的人选非河野莫属，他请旧识的设计师担任助手，忙着制作大量宣慰用品，忙碌程度不亚于在广东的日本工房分公司那会儿。然后，他带着这些宣慰用品，和助手一起从大阪港出发，向南航行。

承载文化人和宣慰用具的运送船队多达60余艘，先抵达高雄港，再分别航向菲律宾、缅甸、马来西亚、爪哇岛等地。

河野这班船开往越南南部的金兰湾。在这里，人人饮酒玩乐，从中学习印尼文，等待日军攻陷新加坡。2月15日传来"攻陷新加坡"的消息时，周围的文化人都欣喜若狂，运输船起锚南下。27日，泗水湾传来联合舰队与日本舰队激烈海战的炮声。日军赢得激战，取得了制海权，翌日终于准备登陆爪哇北岸。28日上午10点，河野宣传班搭乘的运输船航向登陆地点，深入万丹湾。

即将登陆敌营了，河野重整心情，整理服装仪容，戴上白手套，向岸上的灯火行礼。

就在那一刻，潜伏在湾内岛边阴影的三艘敌舰同时发动攻击，护卫舰队也立即向敌舰还击。海面溅起了巨大水柱，照明弹和信号弹漫天飞舞，发射声夹杂着爆炸声。河野发现一枚鱼雷笔直朝着自己袭来，他毫不迟疑地从甲板跃入海中。但是，他半途才想起自己是个旱鸭子，根本不会游泳；他发现眼前漂来被鱼雷炸碎的船体，拼命抓住那块木片。木片上沾满了重油，黏腻滑溜，徒手根本无法抓牢。河野庆幸自己刚好在登陆前戴上了白手套，这才牢牢抓紧木片。木片慢慢漂向湾内，大宅、横山也漂了过来，一起抓住了木片。宣传班登陆时，满身油腻，情状极其狼狈。

他们好不容易抵达爪哇岛雅加达陆军宣传部，旋即忙着大量制作宣传工作和鼓舞士气的印刷品。首先是民众启蒙运动，然后是推展"AAA三亚运动"（"亚洲指导者日本、亚洲母体日本、亚洲之光日本"）。宣慰运动告一段落后，接着是日军将士的宣慰和指导。在日本活字送达之前，他们每晚熬夜手写宣传事项，制作凸版，然后印刷。

其实，宣传部对河野来说是个理想的制作工房。他想要漫画时有横山执笔；想要绘画时，除了自己之外，还有多位画家任他挑选；需要文章时，北原、武田等著名作家在旁待命。这个宣传班简直是设计梦之队，在东京是绝对无法凑齐的，可以尝试各种挑战。

爪哇群岛超过1500个岛，每座岛上的民族、语言也各有不同。想要制作一份鼓舞士气的海报，必须替换多种活字。

后来，河野负责的区域不仅限于爪哇，还扩大到南方总军统属的新加坡、苏门答腊、婆罗洲、缅甸等地。制作的物品有海报，还有烟酒等物资包装，还设计各地邮票，甚至还设计空军基地的迷彩涂装。河野获得了各式各样的设计机会，过着忙碌的创作生活。

即将战败之前，日本战力大幅衰退。在这种情势下，身为泗水宣传部队长的河野还必须搭乘无力维修的危险飞机巡回南方各岛。战败时，河野已经是日惹[1]陆军宣传部部长，在印尼独立战争中成为战败国俘虏，遭到逮捕和扣留。河野再度踏上故土，已是战败一年后。

接着是原弘。他在太平洋战争4年间担任《FRONT》的美术总监，参与了其中10册的出版业务陆军专辑、"满洲"建设专辑等对外政治宣传刊物。对理论派的原弘来说，这算是充分发挥所长。在A3尺寸、对开64页的期刊当中，他熟练地组合出精美的视觉故事。为了确保聚焦主题，原弘指定照片拍摄角度，充分导引出摄影家木村伊兵卫的战

---

[1] 日惹苏丹国（印尼语：Kesultanan Yogyakarta），是位于今印度尼西亚日惹地方特区的一个由苏丹统治的国家，是印尼唯一的苏丹国，日惹地方特区也是印尼唯一仍由苏丹统治的省份。

斗力。当时美苏两国也都纷纷刊行政治宣传杂志，原弘能以扎实的视觉影像胜过他国刊物，都要靠他经过精密计算的影像理论和战略。

情报局带来了最新介绍策划，介绍日本最新秘密武器——伞兵部队。这支部队最近跳伞降落，毫发无伤地攻占了苏门答腊油田地带。

这项极为机密的作战，只有一些参与其中的士兵所拍摄的记录照片。所以原弘无法采取惯用的精密计算手法，必须运用截然相反的方法，可是，原弘早已思考过如何将纪实电影的手法运用到设计当中。实践的机会终于来了，他在心里暗自窃喜。

他完全不写草案，立刻从诸多照片当中拣出"可用"的照片。两朵打开的降落伞，后方是淡蓝的天空。在对开页面中，他放入淡蓝天空下，无数降落伞同时打开的照片。原弘兴奋不已，仿佛正在即兴演奏爵士乐。在64页的摄影集样本中，每页都是陆续绽放的降落伞，原弘随兴添上文字，再翻译成法文，写成书写体。整册看上去就像一部法兰西纪实电影。

接着，将翻译成13国语言的《FRONT》伞兵部队专辑配送到全世界。这次策划，让原弘获得了"即兴设计"这种新方法论。让那些对外宣传人员惊讶的不是伞兵部队，而是原来真正的秘密武器是"原弘"。

周围的一切陆续卷入战争，人们每天都在仓皇中虚度，空袭警报响彻大街小巷。原弘则是每天前往位于小石川的东方社，面对照片和图版，过着充实的日子。

1945年3月的东京大空袭，将东方社所在地炸毁。

放眼望去，一片焦土，东方社于是将据点迁移到九段通的破旧公寓当中。原弘继续坚守，独自默默制作《FRONT》第11期战争美术专辑。不过，向海外运送杂志日渐困难，在战败之前，东方社终于解散歇业。

正式战败之后，《FRONT》等重要资料必须销毁，原弘召集其他存活职员，在酷热的盛夏，到九段通烧得只剩断壁残垣的公寓里，挥汗喘息地将《FRONT》陆军专辑和海军专辑搬运到地下锅炉室。准备点火时，由于原弘和东方社职员都没用过锅炉，众人手忙脚乱地扔进各种起火材料，就连剩余的《FRONT》也被当成燃料扔进炉火中，再调试送风机全力送风。

战后，原弘和参与制作的人士都闭口不谈，所以长期以来都无人亲眼见过东方社制作的10册《FRONT》全貌。《FRONT》成为传说中的美术杂志，被蒙上了层层神秘面纱，甚至被圈内人神化、崇拜。直到原弘死后的第三年，1989年，平凡社才发行了复刻版《FRONT》。战后45年，世人才得见这一杂志的全貌。

然后是山名文夫。他在整个战争期间都是报道技术研究会(简称"报研")的委员长,而常任委员是曾在森永乳业大展才华的新井静一郎。开战后第一年,在某个秋日午后,大政翼赞会宣传部的花森安治来电委托工作。山名和新井二话不说立刻行动。"报研"一开始都不发薪,专为理想而奋斗。然而,各企业纷纷撤除了宣传部门,制作人员只好离职成为"报研"的专职人员,会员突然增加到30多人。为了支付会员的薪资,除了以往的情报局和陆军宣传部之外,当务之急是确保大宗客户。没想到,国内政治宣传量最多的大政翼赞会居然来电,真是天从人愿。二人立刻动身前往大政翼赞会所在的东京会馆。

1936年,花森安治从帝国大学文学部美学科毕业之后,在Papilio化妆品负责宣传制作。翌年,他接到征兵令,然而刚到"满洲国"时他就罹患肺结核,结果被判定是伤兵遣返回国。经过一年半的疗养生活,他在Papilio化妆品的宣传经验获得赏识,进入大政翼赞会宣传部。

花森表示希望商讨借调制作人员,对"报研"老师来说真是求之不得的机会。

"报研"和大政翼赞会首次合作的案件,是制作10种"纪念战争一周年国民决心标语"的海报,例如"不够,不够,你的努力根本不够""不打胜,不购物"等。这些标语在太平洋战争中,日本国民都能朗朗上口,不过,花森想要的是更具表现力的手法。

"这些标语真的能打动人心吗?这场战争需要更具体、更具说服力的方法。在街道张贴板报,各位觉得如何?"

对于花森的提案,山名立表赞同。

"这个提案很不错。不过,最近的标语或海报都是传达上意,大家都厌烦了。不如放弃命令,改用向上请命的方式,相信能制造新鲜感。"

新井也附和说道:"好啊,山名先生,这个主意不错!我马上动笔。"

第二天,新井就撰写完成。

"队长,求您射下那面旗帜!

"陆续倒下的散兵线上,士兵再也忍无可忍,高喊着'可恶!如果能射下那面旗帜……'那面旗帜出现在淞沪会战,出现在攻占南京,四处都能看到英美联军旗飘扬在敌军阵地。自七七事变以来,那面旗帜屡次阻挠我军作战,导致我军将士血流成河。……请队长射下那面旗帜,消灭所有美国旗和英国旗。"

"战斗广告"的代表作之一深深印在所有人的记忆深处。

花森、山名、新井只花费三天就完成了这件作品。

为了躲避空袭,"报研"事务所辗转迁移,从新桥、苏联大使馆附近到六本木后藤花店旁的军医住宅。纵使工作场所漂泊不定,但山名和新井陆续完成被交托的工作,"壮丁皆泳讲习会""勤劳报国队""促进羊毛供应""1亿敢斗实践运动"等海报制作,还有"同仇敌忾移动展"。但是,战事越拖越久,日本逐渐处于劣势,事务所在最盛时期超过40人,但在政府的召集征用之下也逐渐减少;此外,避难的成员日增,还陆续收到战死的讣闻。

1945年3月10日,天色未明,东京大空袭造成12万人死伤,烧毁23万户房屋,2/3个东京化为焦土。"报研"当即判断"此地不宜久留",随后像落荒而逃的败兵,将事务所迁到东京郊外。

"报研"委员长山名、常任委员新井,再加上今泉武治等10名制作人员,在物资缺乏和空袭不断的情势下,反而更增患难情谊,不再只是单纯的工作伙伴,大家一起耕田、设计、写字画图。

空袭日渐频繁猛烈,即使安抚国民"忍苦耐劳"也是强人所难,毫无用处。大政翼赞会也在举办"日本陆海军拉包尔航空队移动展"之后宣告解散。

花森转任到新成立的恩宠财团战灾援护会,委托"报研"

策划"焦土的战友：第一次摄影移动展"，呼吁遭到空袭灾害的国民相互帮助，尽快回到职场，鼓励重拾农业，增产粮食。

7月15日，山名完成草案架构，开始制作。7月27日，花森再委托制作阐述粮食自给自足的国家意义、促进食粮增产的海报。山名分派投入农作的学生绘制草图，新井则立刻动笔写文章。

8月6日，坊间传闻广岛遭投大型炸弹，损失惨重。正在大街小巷议论纷纷、无所适从之际，山名带着摄影师去拍摄6个投入农作的学生。回到"报研"时，花森已经抵达，准备确认"焦土的战友"展策划。

"山名先生，听说广岛事态严重，一颗炸弹就造成12万人死亡，这颗新型炸弹真是惊天动地啊！"花森神色凝重地说道。

当展览的策划准备就绪之后，8月8日开始着手制作，负责书写美术字的工作人员负责大型美耐板，山名等人则负责画出一张张的插画。山名策划的组合海报共有15张。距离开展8月20日时间所剩不多，每个人都在废寝忘食地加紧赶工。

8月15日，"报研"会员全体集合到收音机房。正午，大家侧耳收听收音机传出的声音，夹杂着沙沙的杂音。广

播结束时,山名喃喃地说道:

"军队解除武装了,我们也是。"

最后是龟仓雄策。战争期间,他一直是《东亚画报》和《NIPPON》的总编辑,后来还兼职国际文化振兴会的工作,每天忙得不可开交。

每到新一期的《FRONT》发行,龟仓总是前往情报局翻阅。他对照《东亚画报》,以"这期赢了"或"这期输了",客观地评价自己的工作成果。如果觉得自己输了,便埋头研究原弘设计的相关知识以充实自己。看到《FRONT》降落伞部队特辑,他完全认输,大受刺激。于是,下一期《东亚画报》的页面架构精致紧凑,更胜原弘。虽然两人并未当面交谈,但在这个肃杀的时代,两人是透过设计隔空对话的。龟仓觉得对方应该也关注制作《东亚画报》的自己,因为当他看到下一期《FRONT》时,总能似有若无地感受到。

终于听到令人振奋的消息——泰国的知识女性中流行带着《东亚画报》上街。龟仓心里鼓舞着自己,看来它的内容开始抓住泰国女青年的心了,下个月将做出更具趣味的内容,牢牢抓住所有女性读者的心。就目前这种局势,情报局掌握着生杀大权,能放胆工作的环境打着灯笼也找不到。多亏名取敏锐的动物嗅觉,察觉到"战争已近",才能让自己自由创作。

每当在街上发现山名和新井的作品时,龟仓的内心总是沉痛不已。他们缺少足够的纸笔供应,却仍然奋力创造。自己却可以毫无后顾之忧,获得奢侈难求的铜版纸和高级墨水,参与这场宣传战。

为了丰富《NIPPON》的内容,他邀请了三浦逸雄、小松清、太田英茂等人加入国际报道工艺。其实,由于因《Le Serpent》用纸不足停刊而被迫辞去总编辑职务的三浦,只能无聊得发牢骚度日。看到老友这副模样,龟仓当然要责无旁贷地出手相助。

《NIPPON》的知识性突然大增,原弘是否感受到这种变化了呢?

随着战情加剧,半数的美术部人员都收到征兵令。情势不容培养新人,于是龟仓请求高桥锦吉加入国际报道工艺。两人曾在默默无名、未来难测的时期每晚高谈阔论,没想到在这时重逢了。可惜的是土门拳,如果他没和名取分道扬镳,还留在国际报道工艺,即使在这个战火纷飞的年代,还能一起重温东中野的时光。

收音机每天广播着大本营公布的各种战况捷报,可是,1943年春天,龟仓觉得这些消息越发不对劲。

国际报道工艺大量承接制作在东南亚发放的手册，其中曾有几期以图片展示日军所向披靡的策划。每当龟仓确认助手绘制的军势发展，打算送印时，军方总是下令暂缓，最后策划也不了了之。

龟仓发现大本营公布的英勇战果和现实有所差异时，焦头烂额的军方开始盘算连丙种体格男子都送上战场。政府询问每个人的健康状况，龟仓的父亲根本没问龟仓本人，就擅自报告龟仓"身体健康，能报效国家"。

龟仓收到红纸征兵令，他那瘦弱不堪的体格竟然被编入海军。国际报道工艺的同事陆续战死，龟仓没想到一纸征兵令竟让人如此心神不宁。在去部队报到之前，他跑遍情报局、陆军宣传部，寻找免除兵役的方法。陆军宣传部的参谋却冷冷说道：

"收到红纸，任何人都无法免除，这就是军令。入伍后我们会设法帮助你，龟兄。总之先报到入伍，这可是报效国家，是人人应尽的义务。"

在银座幽暗餐厅的一角，几位友人庆祝"龟仓上等兵"入伍。土门、三浦、画家海老原、艺术评论家柳亮、桑泽洋子出席参加。

柳亮在日之丸国旗旁边挥洒写下"惊天动地"，海老原则在字旁画下一匹奔驰向前、栩栩如生的马，其他人纷纷签名,制成一面众星云集的独特出征旗。

三浦、海老原、柳亮陪着龟仓回到赤坂灵南坂的公寓。

海老原看到屋内中央挂饰着《市场》,说道:

"原来《市场》还在啊,我以为龟兄在三餐不继的时候就已经脱手卖掉了。看来你真吃了不少苦头,也熬过来了。秉持着这股毅力,你到了战场,无论如何都要活下来。别想着要立大功,只要想着一定活着回来,再看到这幅画作啊。"

龟仓被编入横须贺的海军军团。他心想,陆军势力在海军吃得开吗?万一被送到南方战线,应该怎么办呢?想到这里,他不禁颤抖起来,只能不断祈求出现救星。或许老天爷听到了他的祈求,入团两周后他突然接到通知。

"另有重要任务,解除征召。明日上午9点,营门前集合。"

"向右看齐!"龟仓行军礼致敬时,内心感激万分,庆幸自己因为是国际报道工艺的职员而获救。他听着《军舰进行曲》走出营门。

想到在这种万事难料的局势下难保又被征召,他觉得或许应该结婚成家,安定生活。1934年12月15日,28岁的龟仓和国际文化振兴会的秘书大桥文代举行了婚礼。

这个时期,情报局与三浦等文化人的对立愈演愈烈,即使是情报局提出要求,三浦也不改编辑方针。情报局只好采取对抗措施，拒绝给国际报道工艺付款。由于资金周转困难，龟仓只能请三浦离开，他满脸苦涩、言不由衷地告知三浦被解雇的消息。

3月19日，大空袭袭击东京。

龟仓冲进陷入火海的家，抢救墙上那幅海老原画作《市场》。他精心设计制作的手工家具全部付之一炬。他失神地望着凄凉萧瑟的断壁残垣。夫妇两人无家可归，只好回到武藏境的老家。物资匮乏，连一块肥皂都难买到，龟仓疼惜刚过门的妻子，觉得过意不去。

于是他拜访了"报研"的山名。

"山名先生，如果您有多余的肥皂，可用这样东西跟您交换吗？"

龟仓取出小酒瓶，那是情报局官员所赠的尊尼获加红牌威士忌。

"这样东西不错！日本打胜仗那天，正好开瓶庆贺。"

山名看到小酒瓶笑逐颜开，拿出外国肥皂，表示是在资生堂工作时，为了设计肥皂收集的舶来品。那块裹着薄薄包装纸的香皂，悠悠地飘出不复记忆的淡淡香水味。

在严峻艰难的局势下，出版却从未间断。继《东亚画报》之后，情报局决定在缅甸发行画报。虽然穷途末路，情报局却决意坚持到最后一刻。此外，总编辑龟仓也是坚持下去的理由。

在满目疮痍的东京,寻找缅甸语专家简直难如登天。为了制作新杂志,龟仓每天忙得不可开交。

国际文化振兴会也决意坚持到最后一刻,借此时机发行了《陆军》《海军》写真集,同样请龟仓制作,打算将完成的豪华写真集装载到潜水艇上,运到南美,再设法配送到美国各州。写真集中配上了藤田嗣治的战争画,以及士兵的手部和脸部表情特写,成品令人满意。

可是,精心编辑设计的《东亚画报》在印制完成时,印刷厂突然遭到空袭,办公室和车间付之一炬。

当时,对缅甸发行的新杂志刚完成校订。龟仓想着在纸张极其劣质的局势下,还能制作出这种水平的新杂志,于是感慨万千地盖下"责了"章[1]。然而,负责印刷的共同印刷厂遭到轰炸机袭击,结果,对缅甸发行的新杂志无以见天日,从此尘封。

国际文化振兴会的豪华写真集《海军》,因为印刷厂被空袭,印制完成的书全数焚毁。《陆军》的校样已经完成,龟仓抱着一线希望,打算将这本付梓发行,所以再次校订,

---

[1] 按日本出版惯例,出版方编校结束、盖下"责了"章后,后续的校正和修订工作由印刷厂负责。

将校样送回印刷厂。

没过多久,他就听说广岛遭到新型炸弹的轰炸,毁损惨重。龟仓暗自想着,说不定这颗炸弹能结束这场战争。他诚心祈求着。

在武藏境老家中,他听着天皇的广播。

他一边想着,《陆军》印刷完成了吗?如果已经印刷完成,他只想摆在手边。

翌日,他前往银座木挽町的总公司。公司内谣言传闻满天飞。为了制止揣测,总负责人饭岛集合大家,说道:

"最近问遍了情报局、外务省、陆军宣传部,我都拿不到具体指示,也不知道会受到哪些处置,上层只要求赶紧烧毁文件。如果国际报道工艺因为协助战争必须接受严格处分的话,我会代表全体承担过错。保留账本,文件也别烧毁。各位请放心,我绝不会逃匿。"

宣布战败一周后,他们才收到陆军宣传部的命令:"国际报道工艺持有的所有照片原版,速速处理。"

然而,不计其数的照片找不到合适的焚烧场所。于是,龟仓等人打造多个坚固的大木箱,将超过10万张的照片底片、干板、联络档案都塞入大木箱中,再以铁条捆绑好。幸好总公司大楼就在筑地川沿岸,龟仓等人用起重杆抬起木箱,从门口抛进大楼后方的河中。"咚"的一声,抛到河中的木箱先是载浮载沉，然后因为自重瞬间沉到筑地川河底。从军摄影师挥汗流血拍摄、记录15年战争全貌的原版，以水葬收场。

龟仓在内心唱着《海行兮》，凭吊照片。

处理掉所有照片是在战败一周之后，国际报道工艺宣布解散。龟仓揣着微薄的退职津贴，从木挽町走向银座四丁目。他发现，服部钟表店居然奇迹般没有遭到火神肆虐。然而放眼望去，一片焦土，衬着蔚蓝清澈的天空，可看见远方的筑地吊桥——胜哄桥[1]，还隐约可见后方的大海。

30岁的龟仓紧握船舷，扬帆启航。

---

1 胜哄桥建于1940年，是日本少见的能从中间打开的可动式吊桥，位于东京隅田川下游，是隅田川连接出海口的最后一座桥梁。1970年因维修困难而停用，现为重要文化遗产。

第七章

日本宣传美术会

↑ 第四届日宣美展银座·松坂屋会场景象 转载自《日宣美的时代》（TRANS ARTS，2000年）

↗ "国际核能和平利用会议"海报 资料提供：龟仓雄策资料室

1945年8月30日,道格拉斯·麦克阿瑟搭乘专机巴丹号降落在厚木海军机场。10月2日,驻军接管了马场先门前的第一生命大楼,设置驻日盟军总司令部,即俗称的"GHQ",美军正式进驻东京。

待在武藏境老家的龟仓坐立不安。在驻军进入东京三天后,他搭乘电车前往东京。月台站着五六名海军士兵,配备卡宾枪和短剑。枪剑令人觉得警戒森严,但整体氛围要比传闻中平稳一些,龟仓松了口气。士兵不久后便撤退离去。龟仓发现月台上散落着几个蓝色盒子,他顺手捡起。

原来是行军餐盒。这些饿着肚子的年轻士兵,将驻守任务抛在脑后,狼吞虎咽地匆匆填饱肚子。这些盒子就是餐后的残骸。这些"蓝眼睛恶鬼"驻军,日本百姓唯恐避之不及。其实他们也是人,一样会饿,说不定还很容易相处。龟仓这样想着,盯着盒子入迷。

盒子以蓝墨水印着抽象设计图案,雅致迷人。或许这是美国政府希望无论士兵身在何处，无论是在野战壕沟当中，在幽暗不见天日的潜水艇中，还是在敌前的驻屯地，都能在用餐时拥有喜悦的心情，才采用了这种设计。原来，日本的对手是一个连行军餐盒等细节都讲究的国家，这令他震撼不已。

他将空盒全数带回家，排列在柜子上。在武藏境的破旧老房子里，一股新鲜的文明与文化氛围油然升起。他唤来妻子文代，说道：

"瞧这设计。这就是文明，设计就是生存的喜悦。以后我会在设计中去芜存菁，达到炉火纯青的境界。"

1946年1月4日，驻日盟军总司令部发布了"公职驱逐令"。

龟仓也收到驻日盟军总司令部的报到通知，于是前往驻日盟军总司令部所在的第一生命大楼。他回想起，自己曾到这栋大楼顶楼的国际文化振兴会拜访名取，当场接受不讲理的面试；现在，则要接受驻日盟军总司令部的质询。后来，龟仓多次报到接受质询，结果就是，他永远无法担任公职。

龟仓并不在乎驱逐令，他原本就没有担任公职奉献国家的意愿。他旋即在逃过火劫的银座大楼一室挂上了"龟仓设计研究所"的招牌。

他收到的第一个委托是东芝干电池的标签设计。龟仓运用蓝色进行抽象设计，致敬了驻军行军餐盒，再搭配讲究的字体，写上"东芝干电池"。当时日本电力不足问题严重，停电持续不断。龟仓设计的干电池热销大卖。武藏境老家也经常停电，夜里伸手不见五指，这种时候手电筒就派上用场了。在微弱的灯光中，浮现出东芝干电池的蓝色字样。龟仓对妻子文代说："瞧瞧干电池的蓝色设计，黑夜中可见文明的光芒。这就是设计，设计就是生存的喜悦。"

由于东芝干电池的成绩亮眼，《工艺新闻》杂志前来约稿。

"设计必须是一首明亮的生活之歌。"

龟仓先写下这个标题，然后按照平日的想法阐述了设计和经营者的关系。

"如今，日本到底能有几位设计师是走在企业家前面呢？现在最常见的是企业家提供想法，然后设计师提供协助，真正的设计算是从这儿出发了。设计是一系列的条件组合，灵活运用条件，就是设计。能对这些条件逆向操作，就能发现设计的本质。企业家应该多接触设计师，设计师则应多了解事业。社会大众则应该了解设计是新生活的艺术。"

龟仓言出必行，正如在《工艺新闻》文章中所写，富士钟表、Mayura化妆品等，他都直接与社长面谈，设法引出企业家的委托和条件。在双方充分了解内容之后，龟仓才开始着手设计。一路走来，他都贯彻这项原则，细心编织"明亮生活之歌"的"龟仓设计"。

战后，花森安治、中原淳一、桑泽洋子等时装设计师逐渐崭露头角。龟仓反而忧心忡忡，直觉必须尽早"确立商业设计师的地位和价值"，因此，他广泛搜集欧美各国的商业、工业、建筑设计等杂志，大量吸收设计思想、著名设计师的风格等。

然而，龟仓的英文不佳。幸好还有小舒蒙可以拯救他。战后，小舒蒙成为东大学生三浦朱门。对意大利文学研究专家三浦逸雄而言，战后的日子可以说很艰难。龟仓唯一能为三浦家做的就是设法帮助小舒蒙。他委托小舒蒙翻译海外杂志，持续地支付其翻译费用，直到作家三浦朱门诞生。所以，长期以来，龟仓能比全日本任何设计师都抢先一步获得最新海外设计理论和信息。但是，他并没有独享。他认为必须打造一个新的环境，集合商业设计师，共享、学习海外信息，进而建立本土化理论，这样一定能帮助提升日本广告设计的水平。

为实现这个目的，首先必须打破诸多同行散落四方、现况不明的状况。龟仓开始寻找战前的伙伴，查询他们的现况。

他想再会业界伙伴，没想到众人都不约而同地怀着一样的心情。1950年12月10日,新桥新东京大厦的二层大厅聚集了37位商业设计师,会场气氛热烈,大家情绪高涨,都认为应该扩大和全国同业相互联系,并重振设计工作。龟仓的想法和所有人的愿望是一致的。所以,并未花费太多时间,由龟仓命名的"日本宣传美术会"正式成立。

翌年,即1951年6月8日,国际文化振兴会在八重洲设立总会,并宣布召开。

"清楚制订我等职业的存在方式,促进大众认识和宣传美术,保障工作权利,与各界携手合作,促进共同利益和共同幸福,美化世界,怀着喜悦参与美术运动。"

由山名文夫和新井静一郎共同起草的"日本宣传美术会"(简称"日宣美")设立宗旨,被当场高声朗读,在场所有设计师热烈鼓掌喝彩。

所有会员最在意的,其实是这个职业团体绝不该成为战前的情报局、大政翼赞会和电通等掌控和领导的组织"日本宣传文化协会"的下属。当时,如果不隶属日本宣传文化协会,就无法做任何宣传工作,人们只能成为征召征用的对象,被国家逼着做恐怖的"战争广告",这是在场所有人的噩梦。

正如各有属于自己的美学意识,设计师本身也是一种不受约束的自由存在,所有会员都应该以此为原则。这种想法使得"日宣美"既非社团法人,也非公益法人,而只能以非法人团体存续。它自成立之初就不设会长,在每年选出的几位评议委员主导下,经过会员彼此的同意进行营运,不必依赖既有组织。这个会员以自己的意志打造而成的组织,令龟仓觉得万分骄傲。

东京成立"日宣美"的同一时期,宣传美术的同人纷纷在各地成立组织。大阪、名古屋的宣传美术家聚会,九州、北海道也成立相关组织。"日宣美"仅成立一年就发展为全国性的职业团体。1953年,在九州委员当中还出现《朝日新闻》"广告部设计师松本清张"的名字,即同年以《某〈小仓日记〉传》获得直木奖的作家松本清张。

"相对于画家或时装设计师,宣传美术就像空气一样,大家都未曾好好注意它。可是,为每日生活引进美好事物,是很有必要的。为了提醒世人宣传美术家的存在,这个协会不只是组织大家聚聚就算了,而是必须向世人传达什么是宣传美术,什么是设计师,这样才能促使'日宣美'的存在更具明确意义。"

战前在通产省工艺指导所工作的胜见胜,负责指导全国各地工艺品设计,他活用这项经验,成为艺术评论家,并担任了协会的评议委员。胜见拨开他的长发,语气激昂。龟仓举手发言说道:

"这个想法非常好。不如联合今天到场的所有人举办一场作品展吧。"

"作品展？像画家一样，在美术馆办展吗？"

"真的？在上野之森美术馆办展？"

在场谁都没想过自己的工作能被视为艺术作品供人欣赏，惊讶声此起彼落。龟仓接着说：

"在上野之森美术馆办展毫无意义，既然我们的工作是来自每天的生活，就应该摆在生活场所供人欣赏，不是办在美术馆，而是办在百货公司。"

仅仅三个月后，9月10日，协会就以银座松坂屋为会场举办了第一届日宣美展。由此可知会员的干劲十足，充满斗志。

龟仓专门创作了带有诙谐感的参展作品《鸟日》。可是，包含8件大阪的邀请作品在内，总计88件参展作品的会场空荡荡，鲜有人来问津。只有胜见中肯的赏评，多少能安慰人心。

"曾有人说'海报是20世纪的壁画'，这话说得真好。在近代的都市美学当中，海报已经成为密不可分的要素了，甚至比毕加索或马蒂斯更常围绕在我们身边。"

很可惜，第二年的展览仍旧无法吸引人潮。战后已经七年，每个日本人都只求温饱，根本无暇关注设计。可是，不能放任宣传美术这样被埋没。会员热烈讨论,希望找到方法,将这种美术告知世人。

"除了会员作品展之外,再加上新人公开招募,通过评选,可以让世人看见什么是宣传美术。持续挖掘新人,也能让设计师人才更加丰富多样。"

龟仓的提案引发一连串的反应,"日宣美"如火如荼地准备公开招募新人。

为了准备招募工作,龟仓变得越来越忙碌。与他长期合作书籍装帧,建立了信赖的中央公论社前来邀约,询问他是否愿意在丸大楼总公司内的"中央公论画廊"举办作品展。

书籍设计、杂志封面、图录、包装等,战后散佚四处、所有自己亲手制作的作品,被龟仓一一搜集到手。出光兴产的汽油桶、日本啤酒的纸箱、"味之素"天妇罗用油礼盒等作品,堆积排列在楼梯上,画廊的空间瞬间变成魅力四射的橱窗。

他看着自己的作品,在手边的纸上写下"龟仓雄策平面设计展"。龟仓突然恍然大悟,原来自己的工作不是"商业设计",也不是"宣传美术",而是"平面设计"。他飞快地切割立体字,作为会场的广告牌。1953年6月8日,由中央公论社主办的"平面设计展"开幕。现在,日常生活使用的"平面设计"一词，应该就是始于这次展览。创造这个词汇的龟仓，时刻都在试着明确定义自己的工作，并希望自己创造的成果，对社会具有价值和意义，这是他的信念。

"展出的作品几乎都是通过印刷完成的，明确显示出设计的意义。"

在《工艺新闻》上，胜见胜明确评论出龟仓的观点。龟仓感觉遇到知音，开心不已，设计工作的确是一种通过印刷呈现的职业。

第一次个展的翌日，第三届日宣美展在银座松坂屋开幕。投稿应征者有306名，作品总计达677件，据说其中有个人交出了30件作品。除了龟仓之外，还有新井、太田、河野、原弘、山名等20名核心委员一同评选。审查十分严格，采取举手过半制，否则直接淘汰。一位位投稿者使出浑身解数，干劲十足，以求成为会员，龟仓必须在一瞬间判断好坏。

"快出现吧！快出现一位能带领宣传美术攀上世界美学高峰的新锐设计师吧。"

龟仓一边评审，一边诚心期待。评选工作并不轻松，令人筋疲力尽。

最后，入选作品121件，日宣美特等奖得主有28岁的村越襄，他后来和龟仓一同制作了奥运海报"起跑冲刺"；还有24岁的永井一正，他后来设计了1972年札幌冬奥会标志和朝日啤酒商标。

日宣美展开办以来，最初只有圈内人知道，随着公开募集，已逐渐获得世人认识。第三届展览，展出了会员作品354件以及公开募集入选作品121件。会场人山人海，参观者络绎不绝，形成日本宣传美术界前所未有的盛况。

大环境和时机也是重要因素。持续三年的朝鲜战争，增加了特殊需求的供给，日本的经济复兴终于走上轨道。战败后的低迷压迫感逐渐淡化，国民手头逐渐宽裕，开始在社会和商品上追求美感。消费的闸门一开，长期累积在水库中的欲望倾泻而下。

日宣美展开办之初，龟仓不解社会上为什么不关心商业美术，感到心急如焚。其实，当时的社会根本没有余力追求美感。龟仓看着挤得会场水泄不通的人潮，体认到了一点：没有和平，就无以感受美的事物。

第三届日宣美展的成功，促使"日宣美"成为设计师新人必须跃上的龙门，投稿报名人数年年大幅增加。展览在夏季举办，年轻设计师为了入选"日宣美"，在酷热暑气中躲进盖着黑布的胶片放大机，挥汗创作。

LIGHT PUBLICITY 广告制作公司董事长、东京ADC

(Art Director Club)会长细谷岩在《细谷岩设计之路69》一书中写到报考"日宣美"的体验。

"一道高耸于眼前的巨大关卡,让人担心自己将被压倒、击败。这道关卡就是'日宣美',无论如何,我必须冲过这道关卡。想要立足设计界,就必须入选日宣美展,成为会员,绝对不能绕道而行,必须通过这道登龙门,接受社会认知基准下的设计师资格审查。"

细谷在20岁时参加了第五届日宣美展,报名的作品是奥斯卡·彼得森[1]四重奏的爵士乐海报,获得特奖。细谷在文章最后总结写道:

"日宣美展这道关卡,更像自己人生的登龙门。"

日宣美在设计师新手登龙门过程中的权威性越来越高,而会员低调有型的作品渐受瞩目。会员多达300人,真正能靠平面设计维持"温饱"的却只有50人。缺乏一展身手的环境,即使发掘再多前途有望的设计新人也没有意义。费尽心力才建构的设计领域,总不能任其萎缩衰退吧。

感受到这股危机的龟仓,向同样抱持不安的山名提议:

"从今年要开始设立会员奖。'日宣美'不能仅仅是推

---

[1] 奥斯卡·彼得森(Oscar Peterson,1925—2007),伟大的加拿大爵士乐钢琴家,代表曲目有《哈考特的夜晚》《为了南非的和平》《当夏季来临》。

出设计新人的机构。会员不必经过审查,仅提出作品邀请就能入会的方式是无法提高协会水平的。我们必须告诉世人,在平面设计界,什么才是最高水平。这样世人才会对我们的本事啧啧称奇。我们举办竞图吧,300个会员,每人拿出一件作品参加。"

因为龟仓的一句话,第六届日宣美展改为新人和会员都要投稿报名,8月20日至25日,在新会场日本桥高岛屋举办。

"我一定要得取得完胜,获得特奖!我也不能光说不练,要回归广告的原点。正如卡桑德尔所说,抡起我的大斧打破窗户。我要用一个亮眼的提案,证明设计和社会是一体的。"

当时,有一件新闻引起龟仓的注意——核能问题。《读卖新闻》的正力松太郎最近强力主张和平利用核能,正长期连载《终于得到太阳!核能能为人类带来幸福吗?》系列文章。日本一直苦于电力不足,核能是希望之光。

然而,有光必有影。前一年3月在比基尼环礁的氢弹实验,导致"第五福龙丸"号受到辐射污染,船员久保山爱吉在半年后去世。在这个事件之后,日本共产党和妇联发起了反对氢弹实验的运动。

算一算,日本经历过广岛、长崎、"第五福龙丸"号等三次核爆。龟仓认为，日本是最适合倡议和平利用核能的国家。

对社会提出质询的力度越强，设计才越具威力。龟仓一口气画完了草图。

草图中央是小齿轮，从齿轮发射出多条直线，画成一个大型放射状核子。他稍事休息后，在旁边写下："将核能用于和平产业！"这种能源汇集了全球智慧，潜力无限，只能用于和平目的，龟仓创造了一个虚构会议"国际核能和平利用会议"，作为执行机构。

他将草图交给助手，交代了一番。

"运用直线和曲线，构成能产生无限能源的核子宇宙。"

他指定背景为灰色。灰色是能联想到死亡的颜色。放射而出的直线，则使用黄色和橘色。

作品开始评审。新人奖获得者是东京艺术大学毕业进入高岛屋宣传部、当时23岁的杉浦康平。会长奖，则从300名会员中产生，龟仓的设计"将核能用于和平产业！"最终获选。

这幅作品仅以直线和曲线构成，是"龟仓世界"的最终形态。后来，这种形式运用在他的许多作品上，例如选举海报、对外宣传的世博会海报等。

《朝日新闻》文化部的美术记者小川正隆对其赞誉有加：

"黯淡的灰底,发出锐利闪光般黄色的放射线,中央摆着镂空白色的小齿轮,简洁有力地表现出人们对核能的想法。文字配置也恰到好处。这幅作品获得了新设奖项'日宣美会员奖',遥遥领先于其他作品,是难得的佳作。"

作品收入了那一年的《日本美术年鉴》。这是平面设计作品首度入选收录。

后来,永井一正编著的《龟仓雄策的设计》(1983年,六耀社)中收录了龟仓的作品。在解说作品的短文中,龟仓以幽默的口吻评论了自己这幅作品:

"在各种不同意义下,这幅作品烙印在日本平面设计史上。不过,那些狗嘴里吐不出象牙的伙伴,总说龟仓雄策在这张海报之后再也无法进步了。不过评论家在撰写《龟仓论》时,一定会提到这幅作品的。"

但实际上,社会或推动核能的机关团体完全忽略了这幅强有力的作品。龟仓制作这幅海报的那年年初,核能委员会成立,正力松太郎就任委员长;5月,设立科学技术厅。在东海村建立日本核能研究所也是在这一年。三年后,晴海的国际展馆核能特设馆开幕,昭和天皇到场参观。七年后,1963年10月26日,东海村的实验炉,点燃了日本最初的核能之火。10年后的1966年,东海核能发电所完工。这10年间,各种普及核能的宣传活动陆续开展。可是,从来没有任何人、任何机关来申请使用龟仓的海报。

被誉为"核能之父"的正力如果看到这张海报,肯定能看出其中的价值并加以采用,科学技术厅应该也是同样的态度。可是,忙着普及核能的政府或相关团体都未曾注意到这张海报的价值。或许根本没有人知道这张海报的存在,更没有人知道日宣美展的举办,也不知道核能和平利用海报获奖。龟仓等日宣美会员费尽心思设法提高设计文化,提升设计师的存在价值。社会对这些运动似乎漠不关心,难道是因为缺乏闲暇余力?

翌年,《群像》12月号上,龟仓和文艺评论家佐佐木基一进行了对谈,主题是"日本的艺术·商业设计"。对谈当中,对方询问龟仓:"展览都没有赞助者吗?"龟仓苦笑道:"愿意赞助那种作品的日本团体,那就太了不起了。那些花着纳税人钱的机关团体委托我们制作,看到这种作品100%不会采用的。"

战后经过10年,日本经济复苏的道路终于开阔起来。然而,日本社会还未能将平面设计融入生活。获得了协会大奖后,龟仓才更痛彻地体悟到这种现实。

第八章

尼 康

↑　尼康海报　1955 年　资料提供：龟仓雄策资料室
↗　Nikon F 相机　资料提供：尼康

日本光学宣传课长荒川龙彦拿到了"相机知名度调查",脸色正难看。这是写真工业振兴会做的一份调查报告,日期是"昭和二十九年(1954)六月"。在1640位受访者中,知道佳能相机的有612人,而知道尼康相机的只有275人。

日本为了光学仪器的国产化,于1917年成立日本光学。随着战争进展,日本光学陆续开发九三式望远镜、九九式狙击瞄准镜、摄影镜头"NIKKOR"等,作为军需公司逐年发展,订单主要来自海军。陆军的光学机器由东京光学开发,因此有了"海上尼康,陆上东光"的说法。战后,尼康专注发展相机,1964年率先开发出35mm相机尼康S型,上市销售。

尼康一举销售了近4万台尼康S型,秋天还准备发售新产品SⅡ型单反相机。虽然有销售4万台的成绩,但这些相机却几乎都只卖到了国内。这款相机品质优良,在驻日盟军总司令部商店非常受欢迎,不过司令部撤军后,销售每况愈下。

为了即将发售的新产品，开发技术人员荒川要求经营层落实宣传广告，而以往的宣传广告都是销售科同事兼职做的。经营层这时终于了解了广告的必要性，于1954年8月成立宣传科。然而，公司内部没有人了解广告，结果开口提要求的荒川自己雀屏中选，原本单纯倡议专设宣传科的荒川顿时慌了手脚，他根本不知道制作广告是怎么回事。在一阵推托攻防之后，荒川终于退让道：

"好，条件是请答应销售业绩的3.3%作为广告费。"

"等等，你说什么？3.3%？胡说些什么！"

"我很冷静，如果不肯答应，那我就不接任。"

上一年度的广告费用是1500万日元，还不到销售业绩的2%。荒川开出的条件等于要求一口气提高到将近4000万日元，难怪经营层如此惊愕了。不过，他们也找不到其他候补人选，于是，荒川带着3.3%的预算就任宣传科长。

经营层一天到晚都将"质量第一"挂在嘴边。追求高精准度确实重要，可是战后都九年了，品牌知名度仍停留在15%，只是高唱质量将难以生存，首先必须进军海外市场，提高知名度。为此，品牌需要个性鲜明的代言人，否则与广告华丽动人的佳能公司差距将越拉越大。

荒川苦思许久，将知名度调查报告甩到桌上，突然灵

光乍现:

"尼康的代言人就是龟仓雄策。"

荒川长期参与相机开发,自然地接触了各种摄影照片和凹版印刷杂志。所以,当战后第一本凹版印刷杂志《女性》创刊时,他第一时间购买阅读。封面是藤田嗣治绘制的,运用报纸、电车、车站的海报张贴,大肆进行广告宣传。这些广告的正中央总是印着超大的文字:

"凹版摄影特辑《东京》,摄影土门拳,构图龟仓雄策。"

他当然知道土门拳,但是从未听过龟仓的名字,不知他是何方人物,于是立刻买了一本《女性》,翻开凹版摄影特辑。

在一切都烧得精光的时代,照片中是残垣断壁的特写,旁边则是潇洒地走在丸大楼门前街上的女性。看来龟仓企图表现出崭新的东京印象。荒井了解到,原来这就是构图策划者的工作。

从那以后,他一直关注着龟仓的动向。日本啤酒的包装箱设计漂亮有型,一调查设计者,原来是龟仓。荒川曾将器材提供给尾崎三吉,后者坐战前广告照片的头把交椅。尾崎带来完成的写真集作为回礼。写真集非常漂亮,装帧者还是龟仓。

龟仓能灵活运用直线和曲线,想想看,相机的机体是直线，镜头是曲线，这样推想，尼康相机不就是龟仓嘛！

可是，委托龟仓的费用可能是天价，公司负担得起吗？更根本的问题是，龟仓愿意接案吗？说不定他是个怪人，不，通常表现杰出的人都有怪脾气。荒川商请尾崎引介，战战兢兢地推开四谷本盐町"龟仓设计研究所"的大门。

"从《女性》创刊以来，我一直关注龟仓先生的工作表现。"

"构图龟仓雄策的名字第一次放得那么大，真是献丑了。不过，很高兴你看过那期凹版摄影专辑。"

龟仓开心地笑着，并神秘兮兮地说道：

"你知道吗？那次专辑上刊载了我们日本第一张接吻照片哦。"

"第一张接吻照片？"

荒井直接反问，他不记得看到过那种照片。

"那次特辑啊，是我们的大胆尝试，将东京的现状告知那些想要了解的地方人士。然而，到处都烧得精光，毫无看头。不过，男女逐渐变得平等，东京街头公然接吻，毫不害羞。所以，我索性放上了接吻照片。在丸大楼柱子阴影处，请模特们接吻。没想到土门实在派不上用场，拍摄对象只是模特，他居然杵在那儿犹豫半天。土门的特色就是逼近拍摄对象，他不但没有逼近，反而还拉远镜头，根本看不清楚，完全模糊照片焦点。"

龟仓的语调轻松爽快。或许因为差不多年纪吧,两人很快就热络起来。这次拜访的重点是工作,荒川的需求很简单,只希望能表现出光学机器的硬质感和高质量感,以及能适用海外的广告力道。说完这些简单的期望,荒川起身离开了事务所。

龟仓觉得荒川指示明确,不三心二意,也容易相处。他立刻着手制作海报。如果以人体打比方,镜头就是灵魂之窗眼睛,这种方式放诸日本或海外都能简单易懂。他决定以"眼球"来展示光学仪器的科学性。他画出巨大的眼球,再在其中画一个小眼球,然后搭配英文。不费吹灰之力,草图完成。这张海报,帮助尼康第一次获得了电通奖。

接下来是尼康最关键的"NIKKOR"镜头系列,他的表现方式仅仅组合了4个正圆。直线就是海报用纸外框,其中组合大小不一的4个正圆,草图依然迅速完成。可是,由于龟仓追求终极平衡,负责制版的助手惨遭他"看不出来""太弱了"的连番攻击,结果,他们连续重复作业多日才终于完成。色校稿完成,抽象图样和广告目的总算结合为一体。龟仓把色校稿贴在墙上,反复端详,喃喃自语:

"设计终于迈入现代了。"

以海报为基础,龟仓陆续开始所有相关的设计,包括图录、包装、说明书等。所有设计都统一以直线和曲线构成，表现出精致的光学空间。

荒川看到龟仓打造的强烈印象，知道自己没有看走眼。然而，公司内部却出现了各种杂音。

"设计费竟然比印刷费还要贵，简直是乱花钱。"

从来不在包装、图录等设计上砸钱的那帮同事冷言冷语，暗箭伤人。然而，荒川从不告诉龟仓公司内部的评论，继续支付他设计费用。不过，他限定了印刷数量为200份，借此控制印刷费用。他从全国各地精挑200家店，这些店平常都有许多专业摄影师或类似人士出入，海报只张贴在这些店内。龟仓创造的硬质印象，引领出"尼康是专业规格的高级品"的形象，并迅速获得大众的普遍认知。这番成果也要多亏荒川煞费苦心控制制作费，想方设法地管理预算。

尼康和龟仓愉快相遇，开启了长久的合作关系。其中最令龟仓开心的是1959年5月，Nikon F型相机的发售。

Nikon S II、后续机种Nikon SP，龟仓制作的一系列广告广受好评，销售也是长红，结果反而在全球流行的单反相机风潮中落后了。每家对手都早已推出单反相机，尼康这才准备发售，情况十分不妙。

既然是吊车尾上场，就必须打出强烈的印象。可是，

想开发出震惊世界的新功能,不是一朝一夕就可达成的。一筹莫展的开发人员说道:

"虽然不可能开发新功能,但是可以将功能赋予美感。能否商请协助设计的龟仓先生在新相机上附上商标呢?"

很难判断开发人员的发言是否真有此意,但是会议不断原地打转、冗长耗时,于是负责人迅速决定采用这一提议,委托龟仓。

龟仓接到委托时,精神大振。以往他都只接到平面设计的委托,但设计本来就不分工业设计或建筑设计。他一直梦想着能参与所有的设计。他想了解在这个世界上,自己的美感到底能有多大能耐,这次正是求之不得的测试机会。即使忙得不可开交,他仍然亲自前往尼康的大井工厂,在只有一部电话、几张椅子的空荡荡的设计室里,和负责人商讨各种可行方案。

龟仓希望让人一眼就看出这台相机和其他品牌相机的区别。相机就是一个包豪斯的世界,直线机身,正圆的镜头和卷片杆。如何才能赋予它们强烈的个性呢?

机身中央的五角形棱镜改成富士山一般的三角形,镜头调焦转动扣也改成三角形。从正面看去,直线机身和正圆镜头,浮现出大小两个具有功能美感的三角形。根据龟仓指示而制成的木质模型完成时,开发人员欢声雷动。

在深具尼康特色的富士山棱镜部分，龟仓加上了字母"F"，更加深了视觉印象。这时，他才突然惊觉，产品名"Nikon F"中的 F，刚好对应了富士山（Fuji）的 F。原来，这个产品生来就是为了像富士山一样出名啊，他只不过是个接生婆罢了。

龟仓还自告奋勇地设计了专用相机皮套。图录、海报、规格书、机身、皮套等，所有设计必须统一。

不过，机身设计开发费用龟仓分文未取，他知道尼康的单反相机起步太晚，销售不理想，正在艰苦奋战。他只请开发人员在工厂附近的食堂请自己一顿，就已经满足了。这些开发人员是最早给龟仓工业设计机会的恩人。

1959 年 5 月，披挂着龟仓直线和曲线世界色彩的 Nikon F 粉墨登场。

具备以往单反相机所缺乏的功能美感，呈现出专业规格的高雅气质，这一设计立刻俘获了摄影师的心。在作为汇集大型通讯社、新闻行业中心的纽约，更是瞬间人气爆发。专业摄影师愿意掏钱购买，根本不用投入广告费宣传，连业余摄影师也都奔走相告。于是美国军方决定采购，美国国家航空航天局也来采购。结果，Nikon F 从上市之后不断生产，长达 15 年，在全世界总计销售 86 万台，成为热销产品。龟仓设计的"富士山"，也成为单反相机后续设计的基调。

就在几年前,龟仓的尼康海报作品佳作连连,心中的野心开始萌发,他想瞧瞧世界如何看待自己的作品,也想看看外面的世界。通过三浦朱门翻译而认识的世界知名平面设计师,他也想见见,听听他们眼前的课题和今后的想法。心意已决,他再也按捺不住。他满心期待实现这个想法。

1954年,即龟仓39岁这一年的秋天,他第一次踏出国门。

他搭乘螺旋桨飞机摇摇晃晃地从羽田机场出发,踏上了漫长的旅途。首先,飞机在方圆只有6公里的威克岛[1]停留加油。二战时日军曾经占领这座岛,称为"大鸟岛"。龟仓在编辑国际报道工艺的杂志时,曾多次策划这座岛屿的专题。时光流逝,转眼已10年。继威克岛之后,他陆续在夏威夷、旧金山转机,抵达纽约时已经是从羽田出发的4天后了。

摩天楼不断逼近,他终于来到了纽约。站在百老汇大街的正中央,看到街道上鳞次栉比地装饰着许多大型告示牌,争奇斗艳,想必是每位设计师为了投注自己的个性和才华,一较高下。街道当中随处可见设计,龟仓嫉妒这些设计师能在如此巨大的空间中表现自己。如果自己的作品

---

[1] 威克岛(Wake Island),旧称哈尔西恩岛、赫尔西恩岛,太平洋中部的一座环礁,靠近关岛,是美国无建制领地。

能摆在街道的一角,肯定会荣幸无比。龟仓想到如果尼康进军海外市场,他的作品就能出现在百老汇,内心雀跃不已。这个愿望等到五年后 Nikon F 发售时才终于实现。

他迫不及待想知道美国设计师对自己作品的看法,于是带着作品走访了平面摄影圣地麦迪逊大道。

他推开装饰艺术风格的沉重大门,拜访了著名的杂志社。拿着结合抽象设计和光学机器的作品,龟仓自信满满地把它呈给艺术总监。对方看了看,困惑不解地哇啦哇啦说了一大段英文,龟仓完全听不懂,盯着翻译。

"你想在纽约找工作吗?"

"没这回事。我只想知道您觉得我的作品如何。"

"日本的浮世绘是非常杰出的一门艺术。为什么你反而设计成欧洲风格呢?为什么不采用传统的浮世绘风格设计呢?"

"如果不能拭去传统,就无法开拓新时代的道路。"

"对于你所设计的新风格,我毫无兴趣。如果你能打造浮世绘风格的设计,纽约有无数的工作在等着你。"

龟仓只想知道自己作品的评价,压根儿没想过在这座城市找工作。

"我完全不想模仿浮世绘。"

龟仓不悦地抱起尼康作品走出办公室。他推开沉重的大门，来到街上，迎着萧瑟的秋风离去。他愤然决定不再展示作品，这次旅行不是为了推销自己。他决定尽量吸收海外最新的设计信息，拜访著名设计师，交流设计想法。

两个月里，他走遍美国各地，然后前往意大利、法国，最后抵达瑞士。

战后，他开始学习滑雪，如今终于一偿夙愿，在瑞士滑雪了。

1954年12月，龟仓扛着大量的美术馆资料、各国报纸杂志回到日本。自打从羽田出发，这趟旅行已经过了两个月。

走下登机梯，麦迪逊大道艺术总监的一番话突然浮现在脑海。"为什么不采用传统的浮世绘风格设计呢？"龟仓停下脚步，摇摇头，甩开那股想法，喃喃自语道："不行！绝不能堕落，掉进日式风格，我一定能以直线和曲线完成龟仓世界。"

三年后，龟仓在上野之森美术馆参观"印度现代美术展"，会场展出了印度年轻画家的抽象画作。龟仓看到作品的当下想着："我没兴趣看这种抽象画。我想看神秘的印度民俗世界。"

这时他的脑海闪过一丝想法：莫非麦迪森大道艺术总监那时是想表达："为什么不将只有日本人才能实现的世界，发挥至登峰造极呢？"

站在印度抽象画前，龟仓的设计观一点一滴地自动瓦解了。

"龟兄为什么不画徽章呢？日本的徽章好漂亮，龟兄没兴趣，不行哦。"

在日本工房时，梅姬每次见面都这样提醒龟仓，这时他终于理解了梅姬的话中含义。

直线和曲线的美感意识，的确在日本的徽章和浮世绘一脉相传，只有日本人自己能促进其现代化，成为通行世界的设计。龟仓终于领悟了这个道理。

他依稀记得自己似乎论述过类似的理论，但是忘了具体什么时候了。左思右想之下，他想起当初接受三浦逸雄的提议为《Le Serpent》撰写影评的时候。他想看看自己当初写了什么，可是东京大空袭之后，战前的物品全部烧毁。于是，他急忙从上野之森美术馆赶到永田町的国会图书馆。他迫不及待地找出《Le Serpent》，迅速翻到自己第一次写的影评。

"日本电影想要进步，必须是日本专属风格的进步。日本电影和外国电影在风格、感觉上都存在巨大差异。例如，比较小津的《我出生了，但……》和帕布斯特的电影，最后只能归结于民族性的差异。赞颂外国电影的人，根本不了解日本电影固有的氛围与东方人特有的情感。"

19岁的龟仓第一次写的文章,早已暗示出以后的龟仓应该探寻的道路。42岁的龟仓伫立在国会图书馆阅览室里,感慨自己居然绕了这么一大段弯路。

巧的是,他刚好收到一封纽约寄来的信。1958年4月,纽约准备举办"国际字体排印学(Typographics)暨设计研讨会",邀请他去做演讲。研讨会议长是在二战时受到纳粹迫害流亡美国的著名设计师。

可是,龟仓不懂什么是Typographics,他第一次听到这个单词,更不解这个团体为什么无缘无故地邀请他去演讲。

他翻查词典,词条上只写着"印刷术",没有任何解释,无法解答自己的困惑。他推测或许和字体学类似吧。包豪斯有许多作品只以活字构成,龟仓的包豪斯入门书——黑色大开本,就是仅以文字构成,吸引龟仓冲动买下,从此沉迷包豪斯。Typographics这个词,一定也能译成"活字术"吧。

可是,连专业词汇都不解的自己,怎么会收到邀请函呢?他左猜右想,推出了几个可能。比如,Nikon SP海报是以大小不同的"SP"文字组合而成的,可能议长刚好看到这张海报?果真如此的话,看来是遇到知音了。毕竟他根本不懂这一专业领域,无意识下制作的作品,居然获得了邀请。受邀演讲的主题是"传统"。在工作上,长期困扰龟仓的这个问题,将在国际会议场合进行演讲,想必自有其意义,所以他还是决定接受邀请。

飞抵纽约后,龟仓直接前往欢迎宴会。除了议长,他陆续认识了许多著名设计师。晚上10点开会讨论明天的演讲,通知每个人的演讲时间是10—15分钟。龟仓觉得开玩笑,自己大老远地从日本过来,而且长期受到日本神秘传统的束缚,想不断奋力摆脱,15分钟怎么可能够?于是,龟仓主张要40分钟,交涉到最后,他获得了30分钟。龟仓心里暗想:我明天要讲50分钟。

演讲开始,意大利设计师的内容乏味,下一位的话题也不精彩,再下一位则罗列了一大堆艰深单词,最后一位更是个老学究,艰涩难懂。

龟仓心想,就让我来炒热气氛,让每个人都听得瞠目结舌吧。他站上了讲坛。

"日本的平面设计,没有继承日本传统,而是全新诞生、历史浅短的艺术。"

龟仓一开口便气势十足,像经常在国际会议演讲的国际人士。

"美军进驻日本时,我在东京车站发现了美军丢弃的行军餐盒。只有深蓝一色,装饰着抽象设计。我伫立当场,注视了许久,因为我找到了失去的事物,开心不已,从此开启了我的设计人生。"

龟仓刚演讲到一半,就获得全场持续的掌声。龟仓落泪。在场都是深信美感的同行,他居然获得了大家的认同。他抬手示意暂停,继续演讲。时间已过30分钟,却没有人上来制止。龟仓成为美的鼓动者,高喊美的真义,宣告美的内涵。最后他归纳道:

"从传统艺术中分辨必要和不必要的事物,就是我们的工作。萃取必要之物,并结合西方高纯度的精华,这种表现方法,一定能成为全人类最高水平的共通语言。日本的字体排印学设计师,都在朝着这个目标迈进。"

演讲结束时,时间已经超过50分钟。接着是提问时间,龟仓比演讲更热心更真诚地一一答复提问。两天的国际会议结束时,会议的主办人——研讨会议长站上讲坛中央,点名感谢了龟仓。他送上一连串的感谢,最后说道:"龟仓先生教会了我从未意识到的艺术基础。"

在议长的热诚致谢下,龟仓侃侃而谈,对海外人士阐述了自己的想法,场内再度爆发出欢呼声。龟仓骄傲地环视会场,想道:"我征服世界了。"

回国后,龟仓的作品风格迅速转变。不过还需要一段时间,他的想法和作品才得以理论化。

纽约演讲后不到两年,机会终于降临。1960年5月11日,在东京大手町产经大会堂,举办日本首度的"世界设计会议",囊括了建筑、工业、平面设计等所有设计领域。美国、意大利、法国、英国等世界著名平面设计师、建筑家等总计84人参加,日本则有143人出席。

在开幕专题演讲中,担任"世界设计会议"主席的建筑家板仓准三说道:"日本能有机会交流讨论新时代的设计,千载难逢,请大家借这个机会,敞开胸怀,踊跃讨论。"

日本能举办大型国际会议,有其必然的时代条件。日本发展快速,自然地兴起这个潮流,多数人深刻感受到必须追求设计美感,否则难以持续发展。

日本的平面设计界抱持万众一心的想法,为这场会议尽心尽力。

胜见胜担任事务局长,河野鹰思负责标识,田中一光负责会议海报,其他官方手册、分科会手册、会场布置、名片、名牌、信笺等,发动所有平面设计名家进行设计,在产经大会堂里打造出一个符合"设计会议"、充满美学意识的世界。

第一天主题是"个性",议长由美国著名设计师出任,几位来自维也纳、苏黎世等艺术大学的教授从教育角度阐述了设计与个性。最后轮到龟仓。

为了这场演讲,龟仓花费多日准备草稿,希望将着眼点放在因欧美人和日本人立场不同而形成的不同设计方向。

自从纽约演讲之后,他沉思、烦恼、奋斗,试着对设计形式加以理论化。最后,他终于发现并归纳出一个词语。

"KATACHI(形式)!"

龟仓登上讲坛,单刀直入地说道:"日语里有一个词katachi,意思约等于form,但还有更深层的内涵,它并非不具任何情感的合理性,应该说是'理性空间'的意思。"

会场一片寂静,龟仓的演讲令所有听众都入迷了。

"日本设计师承继了这种优良的形式遗产,可是,我们不能没有任何想法,全盘接收遗产,反而应该挑战一切可能性,追求不可能。"

龟仓看到议长颔首赞同之后,提出结论:

"形式需要重新组装,组装之后的成果,就是我所说的形式。在'世界设计会议'第一天,我尝试提出了连日本人都没能理解的形式问题。因为,我希望能在自己国家里找到自己的定位。形式不是一种理论、学问,而是我以直觉思考所得。"

产经大会堂传出热烈的掌声。龟仓的心中,形成了更多新的KATACHI、新的形式。

"世界设计会议"最后一天,大会在表决通过"东京宣言"之后宣布闭幕。

"设计师了解自己,对下一代人承担着重大的责任。这场东京大会点燃的火炬,将永不熄灭。我们发誓,将携手合作,完成设计师对下一代的共同责任。"

这段誓言,也是刚成立的日本设计中心肩负的任务。

第九章

日本设计中心

↑　日本设计中心标志（制作：永井一正）　资料提供：日本设计中心
↗　转载自《实业的日本》1960 年 6 月 15 日号（实业之日本社）

《朝日新闻》经济部门有个很特别的记者铃木松夫,口头禅是"花5分钟无法说服他人的事情,再花一年也是同样的结果"。铃木生于1906年,老家在静冈县沼津市我入道,从关东学院大学毕业之后,1937年进入朝日新闻社。

1959年1月3日早晨,铃木"嗯"了一声,放下一份《读卖新闻》,自言自语地赞叹道:"日本终于出现敢说敢言的学者了,居然敢提出'两倍薪水'。"

铃木手边的《读卖新闻》上的经济专栏,刊载着经济评论家中山伊知郎的论文。

"建设福利国家这项远大目标,仍然应该是日本未来蓝图的重要核心。可是,在普遍贫穷匮乏当中,如何才能更接近这个目标呢?面对这一难题,就必须在未来蓝图中赋予更具体的形式。至于这种形式,我提倡两倍薪水的经济。"

文章标题是"提倡两倍薪水——提高生产,两倍薪水不是梦"。铃木嘴角微扬,标题中加上"不是梦"三个字,表示刊载此文的《读卖新闻》对中山抱持"存疑"态度。

然而,"两倍薪水"的用词直截了当,5分钟就能说服人。

龟仓也注意到《读卖新闻》上的这篇文章,想着终于有了讴歌"明日生活充满光明和希望"的经济学者,标题也能看出"光明希望的梦想"。日本人只能顾及眼下复兴建设、兢兢业业工作,无暇去奢望明天,当下最需要这种朱红色的论调。追求光明希望的生活,不能仅靠设计,关键还是靠国家。

这篇报道在政界也引起话题,一部分政治家深有感触,其中之一就是池田勇人。1957年年底,他和另外两位大臣辞去岸信介内阁的国务大臣,变成了"党内的在野党"。他一边观察岸信介急着批准《日美安保条约》的进程,一边寻找能进行反击的材料。"两倍薪水"深深抓住他的眼光。日本现在缺乏的正是具体的愿景,以显示努力复兴建设之后,日本将如何转变。

两倍薪水论,恰恰具备这种未来愿景。池田确信,这项理论能带领日本和日本人更加努力地向前迈进。

为了6月的参议院选举,池田在2月回到了广岛选区,沙哑地高声呐喊:

"日本的经济已经积累了足够的实力。今后的5—10年,只要继续加强这股实力,每个人的薪水都能变成两倍,甚至三倍,绝无虚假。"

民众都一笑置之,商界则是猛烈抨击。信越化学的社长更是严词说道:

"眼下正在春斗[1],竟然在这种时期说这种傻话,我非常怀疑他的政治能力。"

政治家提出明日愿景,商界却为求自保,只看眼前利弊。记者铃木看到这种情况,不禁摇头叹息。于是《朝日新闻》专栏《今日问题》针对政界商界对两倍薪水论的心结进行了探讨,最后总结道:"老百姓深深受到两倍薪水论吸引,愿意支持政治家池田站上政治核心。"

既然商界固执已见,只好由我来登高一呼,肩负起重整商界的责任——铃木下定决心,筹备计划的执行。

驻日盟军总司令部瓦解了财阀之后,商界体质渐趋衰弱,面对雄厚的海外资本,采取一家公司单打独斗的方式,根本不是海外资本的对手。唯一的对抗方法,就是每个行业寻找一家优良企业,组成团队,联合对抗海外资本;同时引进崭新的市场营销理念,共同推动具有战略思考的广告策略。

这种方式,铃木称为"营销策略联盟"。

---

1 日本每年二月的劳工运动。目的在争取提高薪资和改善工作条件。

为了实现池田的愿景重整商界，铃木每天拜访各行各业的老板、深具良知的经营者，提出营销策略联盟计划，想方设法说服对方。

"现在的广告根本不行。许多人做广告时根本不懂企业。委托这些人不可能设计出好作品。首先必须召集优秀的广告制作者。参与营销策略联盟的每家企业，行业不同，每家公司的组织架构、想法、销售方法也截然不同，所以，必须让这些广告制作者彻底了解每家公司的商品和销售方法，再融会贯通，孕育出全新的想法，这样才能打造出优秀的广告，帮助企业突飞猛进。再不设法改变，就无法盘活日本经济了。"

首先，铃木用5分钟说服了朝日啤酒的山本为三郎。

然后，是丰田汽车的神谷正太郎。"丰田的确造出了性能优良的汽车，但以生产为优先的时代已经结束，如果无法确实传达汽车过人的性能，广告又缺乏吸引力，消费者根本不会动心。让我们召集日本最优秀的人才为丰田制作广告吧。营销策略联盟是日本唯一的生存之道。"

铃木同样以五分钟说服神谷，又陆续说服了东芝的石坂泰三、富士制铁的永野重雄。永野很欣赏铃木的想法，进而问道：

"真的能召集所有的优秀制作者吗？比如龟仓雄策，他也会参与吗？如果他能制作我们的广告，我们诚挚欢迎啊。"

虽然铃木一直强调将召集广告制作好手，却从未想过人选。他急忙赶回报社，询问美术记者小川正隆："龟仓雄策是个厉害角色吗？"

小川每年采访日宣美展，撰写评论报道，自然熟知广告界动向。"松兄画了这么大个饼，竟然没听说过龟仓。总之，无论你的计划多么动人，想要实现它，就得先说服龟仓。只有说动他来参加，其他的一流人才会自动上门，到时候你跷着二郎腿等着就行了。"

铃木立刻前去会见龟仓，胸有成竹地谈了这个想法。

然而，5分钟过去，铃木完全无法说服龟仓。

龟仓认为这个想法的确非常吸引人，但是过于荒唐、无稽。他认为只要提出无法实现的条件，就能让眼前这个男人自动放弃，于是开始阐述他的理想论：

"想要制作杰出的广告，必须和企业社长处于对等的立场。如果无法和社长直接面谈，我肯定拒绝委托。你所提的营销策略联盟，如果真能实行，让制作者能和企业对等沟通，我或许可以考虑一下。"

铃木请龟仓稍等两天，便打道回府。然后他再度出现在龟仓的面前。

"我已经取得神谷先生、永野先生、石坂先生的承诺了。每位广告制作者和各公司企业是对等的,出资也是均等。所以,请您召集一流的高手吧。"

一个报社记者居然单枪匹马挑战商界高层,还能获得首肯,龟仓非常佩服铃木的行动力。然而,将制作者聚集一堂,应该从何着手,真是太强人所难了,根本就是个外行记者突发奇想的荒谬计划。但是对方完成了自己开的条件,自己无法随便推托,只好再行刁难,打算让对方知难而退。

"好,如果能进驻三原桥的三井不动产大楼,我就答应。"

坐落于三原桥的明裕国际大楼,冷暖气设备齐全,是一栋现代化的综合大楼,备受瞩目。龟仓看准了三井不动产不可能答应"流氓作风"的广告公司进驻这栋先进前卫的大楼,所以提出来当挡箭牌。

铃木这个经济记者可不是白当的,他在商界人脉甚广。他去会见了旧识、三井不动产社长江户英雄,提出营销策略联盟计划,不费吹灰之力就说服了对方。他带着战果,再度回到龟仓面前。

"三井表示,为了日本愿意出租。"

面对铃木的锲而不舍,龟仓不再推辞,开始行动。

为了日本的广告,必须对人才精挑细选,而原弘绝对是核心人物,缺他不可。

"这是为了国家,广告宣传必须摆脱企业附属品的角色,否则永远只是为资本家抬轿的装饰工匠。制作者和企业对等共同营运公司,所以得请原先生出资,只要您愿意参与,所有人都会追随。"

被铃木的热情感动的龟仓,费尽唇舌说服了原弘。本质是学者而非广告人的原弘,终于点头。

企业高层、四处奔走的龟仓、设计传道士原弘,组成了联盟的骨干。然而,只有他们两人不可能应对所有的广告设计,所以在实务上,需要熟悉广告本质的人物。龟仓的下一个目标是山城隆一。

山城比龟仓小五岁,从大阪市立工艺学校毕业后加入了阪急百货公司宣传部门。1954年,东京高岛屋百货的业务逐渐扩张,于是从大阪挖山城来到东京。1955年,他使用无数的"森"和"木"二字描绘成山林,制成海报,获得了日宣美会员奖,备受瞩目。他的长相深具喜感,他却呈现出细致的设计品位;他的设计对象不仅限于高岛屋,还有东芝、国际牌、三轮香皂等客户,广告作品常见于各大报纸,功力深厚。

山城接受了龟仓的邀请。"只要争取到龟仓,这项计划就高枕无忧。"果然,正如美术记者小川所言,新组织的成立引发了日本广告界的一场地震。

首先是"二十一之会"成员有所行动。

两年前，龟仓参加"国际字体排印学暨设计研讨会"后，深感"设计师今后必须广泛涉猎，不能仅仅学习设计"。他在"日宣美"发掘许多新人，同时肩负人文教育的义务。他召集30多岁的年轻设计师，打造进修的环境。40多岁的他，带领着年轻设计师，再请山城加入，在每月21日举办读书会，已经持续两年。

一开始，龟仓先将纽约带回的字体排印学资料、报纸广告、杂志广告统统展示给年轻设计师观摩，然后让每个人带来近作相互批评学习。读书会几乎都是龟仓的独角戏，他每次都叙述各种设计论；此外，也邀请电影导演来讲影像论，或者向社会心理学家学习营销理论；有时则是一起观赏歌舞伎，或去美术馆参观。永井一正、田中一光等人住在大阪，每个月搭夜车上京，在东京车站旁的东京温泉洗去疲劳，振奋精神，再参加读书会，然后再搭夜车返回大阪。两年间，他们从未缺席。当大家一起搭巴士去奈良室生寺时，也是这群大阪人当导游。

成员除了永井和田中之外，还有杉浦康平、福田繁雄等20位，加上龟仓，总计21人。"二十一之会"的"二十一"，既是举办日期，也是会员人数。

这些年轻的新人，纷纷举手表示愿意参与新公司。其中最令龟仓头痛的是LIGHT PUBLICITY的田中。

LIGHT PUBLICITY 由信田富夫创立于 1951 年，是日本第一家广告制作公司。信田在日本工房、国际报道工艺学到了如何将制作变成一项事业。广告制作不是收入丰厚的事业，但是在一点一滴积累十年的辛勤之下，照片和平面设计终于在日本广告界站稳脚跟。高崎治、筱山纪信、坂田荣一郎等摄影师，村越襄、细谷岩、和田诚、浅叶克己等艺术总监，先后崭露头角。日本广告水平日渐高涨，信田富夫在其中功不可没。

　　战前，信田四处奔走筹措款项，现在龟仓等人成立营销策略联盟，可能会对他恩将仇报。如果被龟仓挖走优秀的人才，LIGHT PUBLICITY 可能面临倒闭的危机。

　　于是，龟仓决定不从 LIGHT PUBLICITY 直接挖人，所以，他并未邀请"二十一之会"会员，包括 LIGHT PUBLICITY 的职员村越和细谷。然而，田中本人表示一定要参加。

　　田中后来担任三宅一生、LOFT、无印良品等品牌的艺术总监，活跃于一线。他生于 1930 年，老家在奈良，从京都市立美术专门学校毕业后，曾任职于佳丽宝、产经新闻社。张贴在产经大厅的活动海报，被 LIGHT PUBLICITY 职员村越注意到，于是邀请田中前来东京发展。田中询问了大阪出身的山城，山城鼓励田中一定要上京闯闯。他改投到

LIGHT PUBLICITY之后，参与制作了东丽的海报、山叶的月历，并在当年获得第九届日宣美会员奖，一跃成为业界焦点。

龟仓新设的竞技舞台，对田中是充满魅力的场所。"二十一之会"大阪全班底都将上京进入新公司。虽然对LIGHT PUBLICITY和村越感到抱歉，但是他希望到新舞台测试自己的能耐。

田中恳求龟仓让自己参与其中，龟仓立刻驳回。田中转而拜托大阪同乡、知己山城。

"无论如何，设计界的新面貌，请让他从头参与进来。"

禁不住田中的苦苦哀求，山城帮田中向龟仓说道：

"年轻才子自愿在龟仓先生麾下效劳，您怎么能忍心罔顾呢？信田先生不是心胸狭窄的人，不会记恨的。"

龟仓亲自拜访LIGHT PUBLICITY。进门后关上社长室大门，龟仓说道："信兄，请原谅我，请您允许出借年轻才子。"

龟仓的老主顾日本光学决定出资，营销策略联盟总计8家，分别是旭化成、朝日啤酒、新日本制铁、大和证券、东芝、丰田汽车、日本钢管，再加上原弘、龟仓、山城，以及朝日新闻的铃木，等额出资，组成前所未有的集团，蓄势待发。

董事长是朝日啤酒的山本，专务则由龟仓出任。1960年3月，在新建成的明裕国际大楼七层，80名职员齐聚一堂。

龟仓说道：

"以一个行业、一间公司为原则，设法将设计和广告的表现技术组织化，顺应产业界的要求；此外，为了我国广告设计的健全发展，提高资质水平，运用集团形式，打造一个强有力的创造空间，随时传递日本最前卫的设计，所以，我为新公司取名为——"

龟仓停下来，放眼望向每个人，再缓缓说道：

"日本设计中心。"

在热烈的掌声中，最初为集团成立而奔走的铃木满足地点点头。

在这一年中，铃木创办了5家创投公司，除了日本设计中心、日本检索中心之外，他预期举办东京奥运将带来经济成长，还创办了国际道路、日本预铸建筑。

而且，所有创投公司都是他在朝日新闻期间创办的。当时的社长广冈知男是铃木在经济部门时的前辈，后来铃木成为社长、室长，直到退休，特立独行的作风也从未改变。

经济杂志《实业日本》平常从不关心设计，却关注这次的日本设计界的新动向，制作了"世界第一家设计公司"特辑，封面照片中央的人物，当然是龟仓。

每周一是董事长山本参会的董事会议。8家出资公司分别派出董事出席，总计12位董事聚集一堂。会议一开始，室内香烟袅袅,烟雾蒙蒙。

原弘日夜在干部室中努力制作,他和竹尾纸张公司合作开发纸张。

龟仓穿梭于六、七层的各间制作室,询问制作进展;还得每周一次分别前往 8 家出资公司,会见宣传部门董事。碍于每日繁忙,时间紧凑,有时无法兼顾每家公司。不过,即使再忙再苦,龟仓也绝不吐苦水。整个公司当中,他认为只有自己才有能耐直接面对企业高层。

龟仓是日本设计中心的业务推展本部长,制作本部长则由山城担任。山城不仅得照顾自己的老主顾东芝、旭化成,还得负责把关设计中心的所有制作产品。

在 5 月 11 日的"世界设计会议"之前,公司动员所有职员,彻夜制作了庞大数量的海报、手册、议程等。这是东京第一次召开的设计会议,身为"世界第一家设计公司"当然必须充分发挥所长。

会议第一天的主题演讲,由龟仓率先登场。上周末,龟仓埋头构思并撰写以"KATACHI"为题的演讲稿。等周一到来,他一早就得出席董事会。龟仓一边赶往董事会,一边叹息营销策略联盟真是天天忙得要出人命。

国会批准《日美安保条约》,震撼了日本和东京,也震撼了龟仓。国会周围每天聚集着大量抗议人群。6 月 14 日就有 10 万人聚集抗议；15 日，1000 名全学连的学生冲进国会，与警察、右翼团体发生冲突。混乱中，参与抗议的东大学生榊美智子意外死亡，社会陷入最严重的事态。

6 月 19 日，《日美安保条约》自动生效，6 月 23 日，交换新安保条约批准书。同时，岸信介内阁集体辞职下台，以示对国内的动乱情势负责。

整个 6 月是喧闹、混乱的。在月底的某天午前，电话响起。

"龟仓先生，奥运委员会来电了。"

电话那头的声音听上去十分困扰。

"会徽竞稿，今天是截止日，只有龟仓先生还未提交。请马上提交，评审会议是两点，请别迟到。"

龟仓心中大喊不妙！自己提出举办奥运会徽的竞图，结果每天奔波忙碌，竟忘得一干二净，这下子应该如何是好！

龟仓伸手拿过桌上的素描本，一边回应："好，好，我知道。现在正在进行，2 点一定送到。"

他耳边夹着话筒，右手开始用铅笔在纸上画起草图。

他额头的汗水，似乎不是因为暑气炎热。

第十章

东京奥运

↑ 《NIPPON》第 7 期　资料提供：河野鹰思设计资料室
↗ 东京奥运海报三部曲　资料提供：龟仓雄策资料室

赤坂离宫宽广的大厅中央,龟仓雄策描绘的朱红太阳散发出灿烂的光辉。

胜见胜主席等设计恳谈会成员9人,还有参加东京奥运会徽竞图、"甘拜下风"的5人,每个人都静静凝视着朱红太阳,没有人表现出不服气,反而露出安心满足的神情。战后首次举办的国家大事,终于获得了足以匹配的会徽。所有人都沉浸在朱红太阳的光辉当中。

全场静寂。龟仓终于明白,他在昭和初期从新潟搬到东京时,首次见到的那片朱红世界,就是自己的原点。设计,原来是在不知不觉中挖掘出自己已经遗忘的根源。

当天,与会人士决定,龟仓设计的会徽将从举办之前使用到闭幕仪式,重点使用五环标志的五色、统一字体等事项。河野鹰思负责色彩管理,原弘则负责字体的统一。罗马奥运开幕当天,东京奥运海报将在罗马公开,当务之急是尽快制作海报。

龟仓将纵长的会徽直接放大为高 103 厘米的 B1 尺寸，然后裁切左右，成为宽 55 厘米的纵长型海报。虽然不是一般的海报尺寸，却让朱红太阳更为耀眼。

这张印象鲜明的变形尺寸海报完成时，正好是在国会批准安保条约、岸信介内阁辞职、池田勇人第一次内阁成立的 7 月 19 日之前。

在承诺"所得倍增"的池田首相召开记者会会场的墙上，张贴着全新的东京奥运海报。池田沙哑地高声说道：

"国民总生产额现在是 13 万亿日元，政府将全力推动增长战略，10 年后的国民生产总值将增长至 26 万亿日元。"

池田放眼望向台下的记者，一本正经地说道：

"我绝不说谎。"

或许，龟仓的朱红太阳促进了池田"所得倍增"承诺的兑现，在 15 年内，日本国民生产总值达到 134 万亿日元，直到 1974 年的石油危机，才首度呈现负增长。曾经无人相信"两倍"，国民生产总值竟增长到 10 倍。1931 年"九一八事变"后的 15 年，是高举沾满鲜血的日丸旗的不义战争；但 1960 年后的 15 年，则是日本人全力投入复兴、渲染朱红梦想的建国之战。龟仓的奥运海报成为日本的精神象征，即使奥运落幕，那面朱红色旗帜的记忆，仍然挺立在每个人心中。

翌年，龟仓以这幅海报获东京ADC奖的金奖，还获得第一届波兰国际海报双年展的艺术特别奖。

担任日本设计中心专务的龟仓每天忙于公务，不得不退出设计一线，但是最近的种种事情，令他的心境产生了微妙的变化。

自己才46岁，继续再当专务，每天外出办公，好不容易累积的设计功力将会退步。龟仓想着，年轻的河野曾是他遥不可及的存在，现在却大不如前，做简报时的情景还历历在目。设计必须追随时代的脚步，一旦停下，就会被抛在时代之后。自己的本业是设计师，最近竟然只设计了丰田皇冠的标志。自己拥有瞬间无中生有的过人能力，难道甘心拱手将工作交给他人？自己心甘情愿永远帮田中一光、永井一正等人抬轿子吗？自己对现状满意吗？

龟仓毅然决然，大声说道："我不愿意！"

日本设计中心成立两年之后，公司内部逐渐失去了当初的热情。

"结果，公司里最忙的只有我啊。"

龟仓耳边若有似无地回响起山城的声音：

"这间公司根本只有我在制作广告嘛。这间公司只能靠制作广告，否则撑不下去，总不能请龟仓先生或原先生制作传单广告吧。"

两位董事互争"公司只有我在做事"的头衔，更导致了公司里工作热情的降温。

于是，龟仓提交辞呈。

这一突然的举动，让日本设计中心陷入大乱。首先是那些因仰慕龟仓而转到日本设计中心的年轻设计师开始躁动。不巧的是，山城出差去海外拍摄，所以董事会先收下了龟仓的辞呈，等待山城归国。

山城在机场接到龟仓提交辞呈的消息时惊愕茫然，觉得突然失去了坚强支柱。他赶忙回国，费尽唇舌说服龟仓。但是，龟仓心意已决。山城觉悟到，自己必须独自撑起这家公司了。

即使闹得鸡飞狗跳，龟仓仍然坚持自己必须是"现役设计师"。他在六本木的后藤大楼租了办公室，创立了"龟仓设计研究所"。独立创业的龟仓，立刻接到新案子——第二波东京奥运海报。第一波的海报佳评如潮，设计恳谈会决定在奥运正式举办之前，将每年所需的海报都交给龟仓制作。龟仓接到这项工作，感到衷心喜悦。

可是，新设计能否超越第一波海报呢？龟仓毫无自信。才思枯竭的龟仓，搜集了奥运的历届海报，彻底分析研究，得出一个结论："下一波就用照片吧！"

以往的海报，都是体育插画或主办国的插图，从未运用照片来展现力与美。照片能捕捉运动动态的每一瞬间。龟仓闭上眼,在脑海中寻找撼动人心的影像,然后依序排列。

"发令员紧握发令枪的手,手舞足蹈的女子体操选手,起跑!"

其中最强的是哪一幅呢?

"起跑!"

龟仓脱口而出,更加确信自己的想法。

"好,大功告成!"

造型美,源于瞬间的判断力。离开设计前线,这种判断力将会逐渐迟钝,美感难以复见。即使闹得天下大乱,龟仓仍坚持回归第一线,就是因为担忧这种瞬间判断力不再敏锐,所幸时犹未晚,看来自己的判断力还在。

现在的问题是,照片由谁来拍摄。照片必须放大成 B1 尺寸的海报。运动摄影师肯定无法胜任,他需要的是一个能拍摄广告照片,擅长捕捉瞬间影像的高超摄影师。龟仓的脑中像放幻灯片,一张张地投射出多位摄影师的作品影像。他平常就多方收集大量的广告照片和摄影集,这些内容都储存在自己的大脑数据库。

铃木恒夫?不行。吉田忠雄?不行。杵岛隆?不行。早崎治?不行。

想到这儿,他将脑中幻灯片倒回前一张。

在 LIGHT PUBLICITY，摄影师早崎以拍摄女性题材为主，拍摄了御木本珍珠、日本啤酒、东丽等广告。他应该有意在全新的体育领域一展才华。他也拥有高超的拍摄技术，他拍摄的土方巽[1]舞蹈照片给龟仓留下深刻印象，显示出他能精准捕捉动作瞬间的能力。

这次的拍摄工作非早崎莫属。然而，他才刚辞去专务一职，办公桌还在日本设计中心，委托对手公司的摄影师实在不妥，这令龟仓迟疑退却。但实在没有其他人选了，这是事关国家威信的奥运工作，必须排除万难，打造最完美的海报。

"摄影师选定了早崎治，所以艺术总监得是村越襄。"

在 LIGHT PUBLICITY，村越襄以照片为主进行创作，制作过杜邦、东丽、名糖奶油等精彩的广告。第三届"日宣美"首次公开征集作品的特奖，得奖人就是村越。龟仓欣赏他的才华，也长期关注他的动向，相信他的经验和严谨态度能够协助早崎，两人合作必定能够打造出不输第一波的海报作品。

"看来，需要总监和摄影师制作广告时，LIGHT PUBLICITY 的实力就是现在的日本第一，日本设计中心还

---

[1] 土方巽（1926—1986），日本现代舞舞蹈家，创立了暗黑舞蹈。

差得远啊。"

身为经营干部,龟仓全力冲刺奋斗,仍然不是信田富夫的对手。他伫立在三原桥设计中心的窗前,朝着夕阳余晖下 LIGHT PUBLICITY 所在的西银座七丁目方向,喃喃自语道:

"信兄,你赢了。我得向你借将。"

在设计恳谈会上,龟仓只报了主题和人选,并未制作草稿。胜见主席唯一的条件是村越和早崎必须以个人名义参与。

龟仓请两人来到六本木的办公室,一口气说完了自己的要求。

"照片背景不能看见脚架,采取夜间拍摄,全黑背景。以 1/1000 秒的高速快门,捕捉到瞬间动作。透过长焦望远镜头拍摄起跑的选手,让各个选手之间仿佛没有距离感,要紧贴在一起、薄薄扁扁的感觉。我的要求,就是这种薄薄扁扁之感,麻烦两位了。另外还要加入三位日本选手,让国民看到这张照片时觉得日本人也能和外国人并肩角逐。"

这是对名取洋之助发起的挑战。由名取指示、河野设计的《NIPPON》第 7 期柏林奥运特辑封面,脸部特写插图加起跑照片、"薄薄扁扁"的配置方式,打造出了活泼的跃动感。龟仓想要超越那张封面。

龟仓说完，起身准备离开，村越急忙拦住他。

"等等，总得决定摄影日程，想请教龟仓先生的行程。"

"我的要求都告诉两位了。所以，我不会去现场，后续就交给两位了。"

龟仓头也不回地推开大门离去，漫无目的地走在六本木的街道上，自言自语。

可是，拍摄起跑选手的薄扁照片，需要几位摄影师呢？而且，自己指定了黑色，需要几架闪光棚灯呢？LIGHT PUBLICITY 的闪光棚灯肯定不够，大概得动用全东京的闪光棚灯吧。即使如此，龟仓相信，两人绝对办得到，自己识人的眼光绝不会错。

3月底，村越来联络，照片已经拍摄完成。龟仓急忙前往西银座七丁目，路上还想着夜间拍摄必定寒冷刺骨。

两人战战兢兢地拿出筛选的50张照片，交给龟仓。龟仓浏览后挑出10张，旋即摆到灯箱上，取来看片放大镜仔细地看。

这张不行，没有薄薄扁扁。

这张不行，没照到全部6人的脸。

这张不行，太暗了，看不出谁是日本人，谁是外国人。

然后，龟仓看到了他心目中的照片，立刻拿起那唯一一张照片。

6人一起冲出起跑线，正好形成一个三角形。三个日本人与外国人并列，全力冲刺。龟仓指示裁切负片左下角，这样做虽使画质会变得粗糙，但也能增加起跑瞬间的强大冲劲。为了使海报更有力，坚持B1尺寸、以凹版多色印刷。最后，决定启用毫无经验的凹版印刷公司和大日本印刷负责印制，各印25000张。整个过程就像一场印刷界的奥运比赛。

第二波海报印刷完成时，通过日本设计中心文案的介绍，一个名叫森村稔的青年来访。他表示想要和东大同学合开一家公司，委托龟仓设计公司杂志创刊号的封面。但是问及公司业务内容，龟仓听得一头雾水。

再问到编辑方针时，对方的回答却出人意料。

"我希望根据龟仓先生的设计观来决定编辑内容。"

竟然愿意根据设计思考经营，真是太惊喜了，从未听过这种想法。龟仓立刻着手制作森村的委托。

就在这时，他收到了名取的讣闻。

战后，名取从上海回国之后，创刊了《周刊太阳新闻》。可是，由于没有跟上战后的出版风潮，《周刊太阳新闻》最后废刊。1950年，名取成为岩波书店的编辑负责人，创刊了《岩波写真文库》。他打出"故事照片"的口号，准备打造照片版的岩波新书。他在九年间总计发行268种全新的摄影文库，涵盖自然、社会、文化、生活、风俗、海外风俗民情等，每本都由 200 幅照片构成。在这个系列刊行结束后，名取又迷上了拜占庭文化、罗马式艺术，宣布自己重拾相机。此后三年间，他不断四处旅行摄影，拜访了欧洲山村教堂，最后在德国病倒。名取全身都被癌细胞所侵蚀，1962 年 10 月 17 日回到羽田机场，直接被送往庆应医院，但为时已晚，医生回天乏术。

龟仓前往医院探视时，向来自诩体力过人的名取，瘦得不成人形，躺在病床上喘息。他握住龟仓的手，感佩地说道："真是有力的手啊。"

1962 年 11 月 23 日，名取逝世，享年 52 岁。

土门拳终究没有出席告别式。名取过世后，龟仓策划编辑了《NIPPON 先驱的青春：名取洋之助和工作人员的记录》以示纪念。而土门拳没写下任何追忆的只言片语，两人间的矛盾永无冰释的一天。

悼念名取的告别式后没多久，龟仓又必须转移注意力，投入第三波东京奥运海报的制作。延续前两波作品，他试着打造一种连贯性。正中央是会徽海报，左边是田径比赛的海报，如此想来，龟仓希望右边的海报是游泳。接着是架构，正中央是朱红大圆，左侧是块状、飞奔冲出的三角形，右侧应该设为十字形。当蝶泳选手浮上水面时，左右张开的手臂和水道线恰巧形成十字。三张海报并列张贴时，就能显现出连贯性。

不一会儿工夫他就编排完成架构，联系村越和早崎，告知指示。

"关键在于浮现十字形。水道线必须清楚浮现，所以，要冻结游泳池的水！"

这次龟仓也未画草图，只传达了海报的最终目的。

适合的拍摄对象立即被找到——1956年墨尔本奥运会时的蝶泳金牌选手，现在是美国军医。非常凑巧，他目前正好派驻日本，于是选他为拍摄模特。从拍摄完成的照片中由龟仓挑出一张，选手的双臂和游泳池底的水道线，刚好形成了非常漂亮的十字。

不过，在龟仓的创作生涯中，这张海报算是一次罕见的严重失误。龟仓挑选的照片，制作成原大的海报样本交给奥运组织委员会时，其中一位理事说道：

"既然奥运会在日本举办，希望模特能选用日本选手。"

1963年1月，村越和早崎在冻得人直哆嗦的东京体育馆室内游泳池重新拍摄。这次的模特选用早稻田大学游泳部的蝶泳选手。第一次拍摄时已经过无数次的测试，他们已有了经验。这次70架闪光棚灯中有60架同时投射到水面上，游泳池水看上去更像被冻结了。

以太阳海报为中心，并列贴上三张海报，表示日本也能与世界并肩竞技，左侧海报中呐喊着："现在起跑！"右侧海报则代表朝着"所得倍增"的目标奋力游向前方的日本人。如果换成美国金牌选手奋力游向前方的身影，说不定日本就没有15年的快速增长了。委托案件的顾客直觉总是准确得很诡异。龟仓首次接到书籍装帧的第一书房社长，奥运组织委员会的理事，都证明了这个道理。

胜见率领的奥运设计团队在赤坂离宫的狭窄设计室里迎接了酷热的夏天。在这间局促的办公室内，他们开发出20种"比赛项目标志"，餐厅、观众席、寄存中心、洗手间、盥洗室、桑拿浴室等"设施标志"。现在世界各地机场常见的象形符号，或者说图形文字，都起源于这次开发。在胜见的监督下，福田繁雄、横尾忠则等几十位后来扛起日本平面设计的年轻设计师齐心协力，共同设计。

除此之外，所有目光所及的事物都在胜见的领导下被视觉化，例如会报、纪念章、慈善捐款香烟、奥运邮票、入场券、停车贴标、奥运村餐券等。总计超过200位平面设计师参与其中，全都是无偿无薪的义务劳动。

1964年10月10日，晴朗无云。根据龟仓担当设计的"开幕手册"上的流程，在神宫竞技场，东京奥运会盛大开幕。伴随着龟仓的海报，高喊"所得倍增"口号，在往后持续

15年的经济战争中带领群众的池田,以总理的身份莅临国立竞技场,主持开幕典礼。看着点燃的熊熊圣火,池田的内心想必感慨万千,感恩自己的生命之火能持续至今。奥运召开的前两个月,即8月时,池田咽喉突然被查出癌细胞,秘密住进了国立癌症中心。开幕典礼当天,医院特别允许池田离开病房,以主办国领导人的身份莅临国立竞技场。

14天的会期,20项比赛,根据龟仓担当设计的"闭幕手册"上的流程,东京奥运圆满结束。翌日,池田公布病情,并表示将退出政治舞台。新任首相佐藤荣作继续推动收入倍增的计划。

翌年,1965年8月13日,池田勇人逝世,享年65岁。

第十一章

大阪世界博览会

↑ 大阪世界博览会海外版海报　资料提供：龟仓雄策研究室
↗ "粉碎日宣美共斗"宣传单　转载自《日宣美的时代》(TRANS ARTS，2000 年)

"我输了啊,这还是第一次输吧。"

大阪世界博览会,接到通称"世博"的官方标志审查结果通知,龟仓似乎坦然接受,又似乎有些不服气。

以往参与多次标志竞图,东京奥运、好设计奖、传统工艺品产业振兴协会竞图等,龟仓的战绩是全胜。

奥运落幕之后,日本正式决定翌年9月14日举办大阪世博会。11月2日,第一次理事会表决主题为"人类的进步与和谐",接着必须赶紧制作相关标志。继东京奥运之后,世博的设计恳谈会主席仍由胜见胜担任,获选为委员的龟仓照例建议官方标志由竞图选出。于是在胜见的领导下,评审委员会由河野鹰思、原弘、丹下健三等7人组成。为了亲自参与竞图,龟仓当然没有加入。

参与竞图的人选,总计有龟仓、田中一光、永井一正、福田繁雄等15人以及另外两家设计事务所。这次,龟仓没再忘记截稿日期。可是,他不懂世博到底是什么,也没有理解"人类的进步与和谐"这个主题，就直接投入制作。他的标志作品是在代表"进步与和谐"的两个地球中间，再配置一个地球。1966年初，他接到落选通知。

获胜者是活跃于九州的设计师西岛伊三雄。在状似葫芦的两个圆形上方，再放上一个地球，样式简单。龟仓看见获选作品，反省自己的作品太过复杂，难怪会落选。

2月23日，在世博常任委员会上，胜见说明了标志评选过程，并且安排了记者会，预计在获得认可之后进行发表。这时协会东京事务所已挤满大阪的报社记者，

媒体等待发表，以便大肆宣传标志，炒热稍显冷淡的世博气氛。

可是，发表时间已过，却丝毫未见记者会开始的迹象。原来常任委员正在争执，世博协会的石坂泰三看见西岛的作品，表示强烈反对。

"任何人看到上方的圆都会认为是日之丸，可能会批评日本过于嚣张，我不赞成。我说不上来那种感觉，总之就是行不通。"

最初态度冷静的石坂，后来激动地说道：

"看上去就像当铺标志，不行就是不行。这种软弱无力的标志就是不行。"

结果记者会临时中断。记者们当然议论纷纷。于是，

石坂亲上火线说明。

"这个标志感觉抽象,看不出在表现什么。只有知识分子能理解的标志,我认为行不通,必须让儿童、长辈都能一看就懂。"

然后,他突然当场宣布:

"重新举办标志竞图,我将亲自加入评审。"

石坂历任第一生命社长、东芝社长,担任经团联[1]会长长达12年,有着"日本黑衣首相""商界经理"之称。他将临时记者会变成了他个人独秀的舞台。

"世博标志未定,石坂会长反对。"

报纸争相报道,原本低迷的世博气氛瞬间高涨起来。

"哪来的进步与和谐,简直是自打嘴巴。如果不喜欢日本意气风发,那我们打造的东京奥运又算什么?"

一张海报事关国家发展,连这都不懂的经营者实在是不及格——龟仓对石坂颇有微词。然而,怒气先摆一旁,他重新制作了第二次竞图的作品。龟仓绞尽脑汁,成果却不尽如人意。

石坂也加入了评审委员会,总计57件作品参与评审。

---

[1] 日本经济团体联合会,1946年成立,是由绝大多数日本企业组成的业界行会。

最后，大高猛的作品中选，以樱花花瓣代表五大洲，中间配置了红色日本。西岛则提交了和上次同样的作品，展现了设计师气概。

在选定标志的记者会上，胜见一脸无奈地说明："大阪本地设计师的作品，深具大阪风格，豪爽大气，乐观开朗，具备世博会标志象征的意义。"

石坂在一旁听着胜见的说明，心满意足，笑容满面。

标志事件落幕后，将在1970年3月13日举办世博会的计划迅速展开。世博会会场的综合设计委托了丹下健三，他想到西欧都市中心的广场是市民聚集、协调人心的场所，于是将主会场设计为活动广场。主会场以宽108米、长290米、高30米的聚酯薄膜制屋顶，装设在广场上，这样无论艳阳暴雨，观众都能舒适无碍地参观。另外，70米高的太阳塔，设计者则是主题馆制作人冈本太郎。

"人类根本从未进步，现代人类能在拉斯科洞窟里画壁画吗？哪有什么和谐，大家相互吹捧，得到60分就觉得和谐，真是让人笑掉大牙。"

冈本坚持己见，不肯退让，要求巨大的太阳塔必须摆设在会场中央。然而会场中央预定架设丹下设计的高30米的大屋顶，而且已经开工建造。冈本主张，如果太阳塔不摆设在会场中央，就不打造主题馆，太阳塔也不能低于30

米。他毫无妥协余地，双方僵持不下。最后，石坂居中协调，说服丹下在大屋顶钻开直径54米的大洞。

世博主办方唯恐再出乱子，打算通过官方海报的指名竞图，重整体制。于是，1967年1月，举行了海外官方海报的指名竞图。龟仓、河野、永井、大高等6人获得指名。

龟仓觉得这像一场闹剧。虽然不认同世博协会的运作方式，但收到指名之后，他仍跃跃欲试。海外宣传用的海报，正是宣传战后30年日本的最佳武器，河野将会如何制作呢？

运用朱色染红了大高设计的世博标志，背景铺上日本漆器独有的漆黑色。从世博会场射向全世界的未来辐射热，必定能照亮世界各个角落。这股辐射热，就是结合日本和西方传统的能源。

黑底，中央放入世博官方标志，以标志为中心放射出超过200条热线。和奥运时一样，龟仓十几分钟就画好了草图。他唤来助手，指示热线必须是248条，要使用鸭嘴笔仔细描绘。助手画了一张又一张，终于完成原稿。网版印刷之后的底色漆黑，成功塑造出属于日本的KATACHI（形式）。

龟仓看着网版印刷完成的样本，发觉从"将核能用于和平产业上"之后10年，自己从未踏出这个世界一步。然而，不得不承认，以直线和曲线构成的龟仓世界，任何人都模仿不来，这个美感世界只属于龟仓一人。

这场指名竞图，没有人是龟仓的对手，他的海报作品拔得头筹，并获得1967年ADC金奖。日本国内使用的官方海报则是福田繁雄方案获选。

可是，在标志竞图之后，世博的设计计划失去了胜见这座控制塔，开始迷失方向。不过，也许大高才是那个增加混乱程度的人。

世博前一年的1969年，制作官方标志的大高成为艺术总监，两年内打造了四张海报。然而大高并无意贯彻设计原则，第三次主题是"世界的儿童"，指名由细谷岩制作，组合了世博会场插图和全球各地儿童脸孔的组合海报，大功告成。不过，第三波海报看不出和第一、第二波官方海报有任何关联，世博应具有的未来感稀薄难见。

然后，龟仓为这场混乱再次添乱。

大高委托龟仓制作海外用官方海报，期望"营造世博即将开幕，热闹华丽的气氛"。既然大高并无打造系列作品的意念，接受委托的艺术总监当然就如脱缰野马，自由发挥。龟仓当下就决定亲自制作里约嘉年华的日本版。

他召集日本全国乡土舞蹈的舞者，进行拍摄。龟仓打算运用这次影像，向海外展示强而有力的日本KATACHI。从全国各地前来的上百位著名舞者，聚集到东宝摄影棚，掌镜者是负责拍摄东京奥运海报的早崎治。

龟仓希望能捕捉到跃动瞬间的能量和热情。如果上百位舞者一起舞动,将会"模糊失焦";但是前方10位舞者静止,后方则随意舞动,就能够表现出活力四射的律动感。于是,在舞者肆意舞动肢体时,笛声吹响,这时,前排20位舞者静止不动,后排的舞者则不管笛声,继续狂放舞动。

现场人人挥汗如雨,热气腾腾。久违摄影现场,龟仓相当亢奋。

"舞蹈开始!大家跳得更激动一点!哔!静止!后排的舞者动作要更大、更激烈!"

早崎信心满满地呈上选好的照片。

晃动的灯笼,翻飞的旗帜,狂舞的律动。在龟仓吹响笛声时,其中一位静止的男舞者刚好露出"火男面具"[1]的表情,后方舞者则在欢欣鼓舞地手舞足蹈。

最后,并列摆出7张官方海报时,立刻可见设计上的不协调。

如果和东京奥运一样,龟仓获得世博制作责任窗口的指名,世博这张画纸上将描绘出哪种系列的世界观呢?不

---

1 古怪滑稽的中年男性传统面具,最大特征是嘟起的嘴,像在吹火。常见于传统庆典。

过，在龟仓打造东京奥运会视觉之后，无法在他的世界中继续见到日本持续高速增长的样貌，或许是日本的不幸。

同时，这种不协调也反映出日本整体状况。东京奥运后，经过6年，日本价值观剧烈转变。世界各地频频发生高举反越战旗帜的学生运动，产生连锁效应，带动全共斗运动[1]席卷全国。70年代，爆发日美安保斗争。经济快速增长带来贫富差距，这种不协调加速了价值观的转变。

20世纪70年代，讴歌"人类的进步与和谐"，其实在各种局面中都出现了不协调，讽刺可笑。这波不协调狂潮，也突然袭击了"日宣美"。

第19届日宣美展收到3401件作品，所有报名参加的作品，7月底搬进审查会场——涩谷女子高中体育馆，准备于8月2日进行评审。

龟仓早就注意到街上贴着"打倒日宣美"的传单。学生抗议的暴风吹向各个大学，反战意识日渐高涨，引发了70代的日美安保斗争。然而，以"革命设计师同盟""武藏美共斗"为名的学生，为什么企图打倒社会团体"日宣美"呢？龟仓着实想不明白。每当看见那些传单时，他总是伫

---

[1] 20世纪60年代后期，为了抵制学费上涨、追求校园民主，各公立、私立大学的全学共斗会议进行武力斗争，要求与校方谈判，在无法配合的大学周边设立路障，封锁校园，引发了严重的社会问题。

立在张贴传单的电线杆前,百思不得其解。

传单上,以手写字写着:"龟孙子!"

龟仓当然知道所指何人。"日宣美"不设会长,没有任何人发号施令,设计师以个人身份参加,相互评鉴认可实力,成为会员。"日宣美"成立至今已有19年历史,是一个自由的创作团体。它既不是龟仓的私有物品,龟仓也未曾担任会长。

但是传单上却写着:"龟孙子!"

在8月2日上午10点前,龟仓来到日宣美评审会场的体育馆。"粉碎日宣美共斗"成员突然涌入审查会场,每个人都头戴安全帽,高声呐喊。面对突如其来的情形,评审委员都面面相觑,满脸困惑。携带麦克风的男子咆哮喊道:

"我们要打倒已经沦为权力机构的'日宣美'!我们要求停止日宣美展的评审!"

十二三名抗议者,集合评审委员和审查事务局工作人员之力,应该能够轻松应付。可是,龟仓立刻发现对方正在以无线电联络,或许,体育馆周围已经被数十位暴动学生重重包围了。

"我们要求每一位评审回答问题。"

龟仓难耐怒火,心想,自己凭什么得回答这种学生的提问?他忍不住想站起,没想到起势太猛,折叠椅吧嗒倒地,他高举手指怒吼:"'日宣美'是社会团体,与学校、教育都毫无瓜葛。滚出去!别再胡闹了!"

就连他自己都因过于亢奋而破音。

现场一阵鼓噪,"混账!"声此起彼落。

"秃驴!胡说八道!你这个反动分子!"

龟仓望向那个娇滴滴的声音,虽然戴着安全帽,还是可看出脸蛋甜美可人,但是这人居然骂我秃驴!

"田中一光!你的美感依据的精神概念是什么?"

被指名的田中虽然困惑,但仍然真诚地回答道:

"我的美感源于出生成长的故乡大阪。"

"废话连篇!谁要听这么没水平的回答!给我好好回答你的精神概念!"

拼命寻找词汇的田中,仿佛被自己孩子嘲弄的父亲,然而这位父亲虽然腼腆,仍然设法回答自己美的根源。

"胡扯!你什么都不懂,谁问你这个!"

以优雅正统的设计,因应世博政府馆的难题,诚心诚意面对设计的殉教者田中,在这群青少年面前,毫无尊严,只能一动也不动地站在原地。

"龟仓雄策,站起来!谄媚资本和权力的反动设计师,我们要求你认错!"

自己没有理由接受这些学生的指示。龟仓坐着不动,毫不回应。

"站起来！站起来！站起来！"

学生手持武斗棒敲打地板，体育馆外戴着安全帽的学生冲了进来，学生增加到50多人。

评审看来是不可能继续了，于是所有评审都起身离开会场。

"反动设计师！"

"秃驴！"

"拿开你们的脏手，别再碰世博会！"

"无用的装饰花瓶！"

龟仓任凭他们讥笑怒骂，不为所动，也不发怒，毫不理会学生的叫嚣。他只祈求3500多件报名作品平安无事，不受破坏。他诚心祈祷年轻设计师为了入选日宣美奖而挥洒才华创作的结晶，千万别遭到武斗棒摧残毁坏。

翌日的报纸大肆报道"'日宣美'遭到摧毁"。

长年提供日宣美会场的百货公司得知报纸报道，以"担心学生在会场引起骚动，影响其他顾客"为由，拒绝再提供会场。

可是，如何处理报名参加评选的3500件作品呢？8月5日6点，在涩谷女子高中召开"日宣美"临时总会。会员都神情紧张，陆续来到会场。

"公开总会，'粉碎日宣美共斗'要求参加会议讨论。"

擅闯的学生与阻挡的会员之间发生冲突。小石子飞来,砸到一个年轻会员,硬生生地砸断了他的门牙,血流不止。龟仓看到满身血迹的会员,担心这会演变为"日宣美"存废的大问题。

"打倒日宣美!斗倒日宣美!赢得最后胜利!打倒日宣美!"

学生搭肩组阵,齐呼口号,示威呐喊。在学生的怒吼声中,临时总会在诡异的气氛中召开。

议长指名几位评审报告事件状况,可是几位都只有现况经过,没有讨论是否继续评审。忍无可忍的龟仓,举手之后,一口气说道:"我们必须自立自强,守护'日宣美'。无论采用哪种形式,展览都应该举办。我们必须善尽社会职责,继续进行评审。"

虽然觉得不至于噩梦成真,龟仓继续说:"我很担忧!"

"如果,万一'日宣美'必须解散,也不是经由学生解散,而是我们自己解散。"

龟仓的发言获得满场热烈掌声,看来评审能够继续进行。可是,掌声一停,"二十一之会"的一位成员举手说道:

"龟仓先生登高一呼,瞬间就决定了两件事情。如此轻率行事,无法回应学生的热情。"

原本就支持学生的设计师立刻出声附和:

"学生的论调也有道理,具有思想性的问题,不如借着这次机会,更清楚地确定'日宣美'的性格和存在性,再决定是否应该继续进行评选。"

结果,是否进行评选都未进行表决,总会就散会。

每天持续开会,工作只能晾在一旁。涩谷女子高中也抱怨作品占据体育馆,学生使用体育馆之日遥遥无期。看来只能另寻评选会场。龟仓向素有交情的日本通运公司千拜托、万拜托,才秘密租借到隅田川旁的仓库。不过,3500件作品要如何搬出涩谷女子高中再运到仓库呢?卡车从体育馆出发之后,抗议学生肯定紧追不放。龟仓突发奇想,既然如此,干脆来场脱逃大作战。

"卡车离开女子高中后,先行驶到日本通运的品川物流中心。然后在中心打转,那里随时都有超过200辆卡车出入,这样鱼目混珠一番,那些学生就弄不清是哪一台了。"

运用这个方式,报名作品搬上了7辆6吨卡车,搬运到了日本通运的隅田川仓库。

遭到"粉碎日宣美共斗"的牵绊而无法评选的报名作品,终于能平安进行审查了。历经千辛万苦,龟仓更为感念用心地面对每一幅作品,最后从3500件作品中选出108件入选作品,再从其中挑出22件得奖作品,可是,经历重重波折选出的日宣美奖作品,因为担心学生蜂拥而入,没有商业设施愿意出借展览场地。事务局只能编辑《第19届日宣美展》，对入选得奖者有所交代。

9月27日、28日两天，在御殿场召开"日宣美"全国总会和全体讨论会，议长是河野。总会最后由全体会员投票表决"日宣美"的存废。龟仓从未想过这一天的到来，当时的"担忧"竟然成真，轮到他投票时，他毫不犹豫地投下了反对票。

开票结果：

    赞成解散　257票
    反对解散　22票

龟仓没想到差距如此悬殊，心情顿时沉到谷底。平面设计师竟然如此不堪一击，只是被学生这把刀刃轻轻戳刺，就无法站稳脚步，日本的设计界稳当可靠吗？但是，开票结果表达了"日宣美"全体会员的意愿。

既然如此，龟仓决定挥别这些人。整整二十年，为了确立和发展日本平面设计界，他赌上了身家性命。今后，自己将独自穿过这片荒野。即将迈入54岁的龟仓，发誓从今天起，将和投下赞成解散票的所有会员，打响一场美学战争。

9月，"日宣美"解散当月，"横尾忠则近作展"盛大开幕。纵然他高唱打倒"日宣美"、反博（反对世博会）[1]，但这几年，龟仓十分敬佩年轻的横尾忠则，持续关注他的作品。

23岁离开大阪的横尾，想要进入日本设计中心，每天都来拜访田中。田中不胜其扰，跑来询问龟仓。虽然龟仓觉得横尾的才能普通，但仍允许他在半年后进入日本设计中心。在胜见的指挥下，横尾是最年轻的设计师，他挥汗制作的东京奥运图形符号，在龟仓的脑海中留下了深刻印象。横尾制作寺山修司主持的"天井栈敷"座席海报，才华突然开花结果；《貂裘玛丽》《腰卷阿仙》《大山胖子的犯罪》等海报，掳获了年轻人的心。此外，他还制作东映侠义电影《红牡丹赌客》《网走番外地》等海报，在这个领域逐渐建立自己的地位。

龟仓前去参观横尾近作展，惊讶于作品数量如此众多，却每张都是精心绘制的高质量作品。高仓健的黑色剪影中，浮现牡丹刺青，那股诡异魅力甚至引得龟仓想放大这幅作品，装饰在事务所墙上。他没看过这种作品，风格如此鲜明强烈，毫无保留地挥洒在画纸上。

刚好龟仓得知世博参展团体之一的日本纤维产业联盟

---

[1] 在大阪世博会举行前一年的1970年8月，日本各地的反战团体和相关人士聚集大阪城公园，举行活动和讨论会，后来引申为"反对世博会"之意。

邀请在媒体上公然呼吁反博的横尾担任综合制作人。这份大胆的邀约，横尾是否会接受呢？

"横尾忠则，一定要接下那份邀约！"

否定机会，则无创造，难得的世博表现机会，表现者应该善尽其责，绝不能逃避。战前，龟仓也从未逃避退缩。河野、原弘、山名文夫、新井静一郎都是表现者，也都坚守岗位，未曾弃械脱逃。

龟仓原本打算去说服横尾，不过他打消了念头，认为人各有各的想法和生活，不必勉强。

后来，他听到横尾接下了世博会"纤维馆"的设计邀请，心中的大石落地。他相信任何表现者绝不会逃避任何表现机会。

1970年3月，世博开幕，在凛冽寒风中，龟仓考察了超过百栋展馆和尚无人潮的未来都市。

横尾的"纤维馆"运用了德国著名数学家提出的"克莱因瓶"的概念。用吊车将展馆内的地板红毯，从展馆顶端的大洞拉出馆外，垂挂在展馆建筑上。这种异想天开的方式前所未有，正面冲撞着所有参加世博的建筑师。而且，外观还留下建筑工地的鹰架，放上几个作业员的人偶，旁边还摆着几只令人毛骨悚然的乌鸦，"未完成"的"纤维馆"就大功告成了。

"完成的那一瞬间，所有事物都开始走向毁灭。所以将时间静止在完成之前，真是耐人寻味的想法。"

龟仓重新认识到了横尾的才华。

冈本的太阳塔，拒绝屈就于丹下建造的巨大屋顶之下，横尾的未完成"纤维馆"，两者都欠缺协调性，却绽放出强烈的存在感，闯入龟仓眼中。

"唯有不协调，才是保证人类进步的艺术。"

龟仓清楚听到两人的呐喊。

"相较之下，"他喃喃自嘲着，"我制作的官方海报太过协调了。"

世博轰动日本全国，躲避暑热的参观来宾都躲到巨大屋顶之下。这时龟仓收到一封问候函，写着："'日本宣传美术会'解散。这项决定是几乎全员的意思。"信函最后写道："通过解散，积极谋求平面设计的进步和改变。虽然未来还无法预见，无论未来如何，'日宣美'的二十年历史是无可取代的宝贵财产。解散声明是期待日本平面设计更健全自由地发芽、茁壮。"

由自己取名的"日本宣传美术会"这棵巨木，在设计这座森林中应声倒下。龟仓闭眼不语，脑中浮现这样的景象。他郑重发誓，将在这座遭到破坏的荒野，重新创造属于自己的崭新 KATACHI。

1970年9月13日,会期长达半年、参观人数达6500万,这场破坏和创造的祭典——大阪世博会胜利闭幕。

通过国家和企业携手合作,日本创造了经济高速增长的奇迹,但在这天之后,在激烈的扭曲变化下,增长速度逐渐慢了下来。

第十二章

NTT诞生

↑　NTT 标志　资料提供：龟仓雄策资料室
↗　向真藤总裁做标志简报的情景　资料提供：PAOS

"日宣美"解散,世博会闭幕。在时代转折点上,对于日本设计界的走向和相互关系,龟仓雄策心中有股莫名的不安,这时,他接到了三省堂宣传部的电话。

"预定出版的经营设计书色样刚好完成,出版社打算和作者一道拜访您,能否请您看看?"

虽然不认识对外窗口,不过龟仓一听是三省堂,就难以回绝。年轻时,他的设计师友人高桥锦吉曾任职三省堂宣传部门,龟仓经常三餐不继,所以总是找借口去三省堂蹭饭,高桥总是请他到二楼西餐厅饱餐咖喱饭。他必须偿还这份恩情。

书的作者、PAOS的中西元男[1]与宣传部人员一起来到平河町的龟仓事务所,拿出样本。

---

[1] 中西元男(1938—),日本CI设计师,PAOS株式会社社长,PAOS株式会社北京分社董事长,被誉为"日本CI之父"。

"这本就是预定出版的《DECOMAS》色样。"

首先映入眼帘的是厚得吓人的书脊,足足有10多厘米。这本书对他呐喊道:

"快!快翻开看!"

龟仓赶忙翻开,越看越入迷,翻页的速度越来越慢,每页都细细阅读。书中满载着用设计作为经营战略的方法,内容不仅仅是概念理论,更通过美国企业经营和设计的具体实例进行说明。

龟仓惊喜不已,这本书为"那股莫名的不安"提供了答案,书中阐述了破坏之后的创造。龟仓整整花了3个小时才慢慢读到最后一页,合上沉重的书,他的双手已经又酸又麻。

"中西先生,这本书真是太精彩了!您老家是哪儿啊?"

中西生于1938年,从桑泽设计研究所毕业后,为了系统地研读设计,进入了早稻田大学文学部美术科。读研期间,他前往美国调研将设计作为经营战略的实例。在分析资料、归纳理论之后,创作了这本处女作《DECOMAS》。

"搜集如此大量的美国实例,想必不容易,完全是时间和劳力的结晶啊。"

"我扛着18公斤重的摄影装备,事先和企业安排访谈,然后亲自前往采访、拍照、搜集整理资料,再出发去下一家企业,每天如此。在纽约的两个月里,我都是自己做饭的呢。"

中西仰起头来,露出自豪的神情。后来,他搭乘"灰狗"巴士,在一个月内走访了全美企业,总计采访了50家企业和设计事务所。回国后的一年半,他将美国设计的方式分门别类,整理为实例篇和方法论,再归纳写出"理论篇",阐述如何将设计融入企业的经营战略。

靠着穷游的方式,中西的足迹遍布全美各地,这些血汗和智慧的结晶,如今就摆在龟仓眼前。他相信在日本企业未来的经营上,这本著作肯定能成为不可或缺的设计战略指导手册。令他更喜悦的是,终于出现一个年轻人,不是单凭感受阐述设计论,而是根据理论,将设计视为经营战略。日本终于有了这号人物,就像胜见胜一样,既是拥有实务经验的设计师,又是具有精辟观点的评论家,而且是能阐释设计经营论的学者。

中西的《DECOMAS》以日本独特的经营风格为前提,强调企业识别系统的必要性。

龟仓没有细想,脱口而出道:"我愿意为这本书写推荐文。不,如果您不嫌弃,请给我机会为这本书写推荐文。"

中西来访的真正目的,就是打算在龟仓读完色样之后,请他写推荐文,龟仓的做法正合他意。

龟仓拿出铅笔,当场洋洋洒洒地写好一篇推荐文。

"日本经营者尚未掌握具体的路径,就企图打入国际经营阵营,终究是行不通的;甚至,在国内可能沦为落后时代脚步的无能经营者。然而,当日本出现新一代经营者时,现在的设计师是否有能力因地制宜?单靠有趣想法的技术,绝对无法充分表现经营者的思想。本书能教导大众,什么才是有力的企业识别基础。"

龟仓将原稿交给中西之后,略带怀念地问道:

"三省堂二楼的西餐厅还在营业吧?如果还在,请我吃盘咖喱饭作为谢礼吧,这样我就心满意足了。"

1971年,《DECOMAS》出版,定价45000日元。正如龟仓预测,这本书成为适应日本国情的CI[1]设计手册,后来再版加印10次。

在中西经营的CI战略策划公司PAOS,《DECOMAS》就像一个业务开拓部长,不用高声叫卖,就能达到绝佳宣传效果。读过《DECOMAS》以后,希望通过设计来重整经营的企业,纷纷造访PAOS。

PAOS和中西参与TDK、马自达、大荣、建伍、日本生命、

---

1 CI,也称CIS,是"企业识别系统"(Corporate Identity System)的英文缩写,即有关企业形象识别的设计,包括企业名称、标志、标准字体、色彩、象征图案、标语、吉祥物等方面的设计。

普利司通、PIA、麒麟啤酒等大型企业的经营重整,成为日本 CI 公司的先驱,确立了无可撼动的地位。

可是,龟仓从未想过自己负责的企业居然会迫于重整经营,必须造访 PAOS。

龟仓除了打造银座松屋百货公司的标志,还兼任它的设计顾问和日本设计委员会理事长。日本设计委员会的常设销售展会场都在松屋百货公司。

1977 年,松屋经营不振,于是从伊势丹百货公司聘请业界有名的"百货公司先生"作为顾问,试图重整经营。在 70 年代初,"百货公司先生"将伊势丹百货转型成传播最新流行信息的百货公司。不过,他们答应协助的条件就是必须有 PAOS 的协助。这个条件当然引起身为对手的日本设计委员会一阵骚动。

"不管是 PAOS 还是 PAPAS,现在是故意忽视我们吗?竟敢委托一文不名、才刚起步的公司。"

"龟仓先生,这家伙竟敢否定您的设计,您能咽下这口气吗?"

PAOS 和中西当时才刚出版《DECOMAS》,也刚参与重整马自达汽车,尚未打开知名度。不过,龟仓从不认为初出茅庐就不堪用。任何人,如果持有优异的设计理论,又有打造经营重整的扎实理论,在设计师引领下,这份崭新战略就是全新的设计理论形式。单凭设计师的直觉和随兴的想法去打造战略的时代早已结束了。

"其他百货公司的增长平均都有3%或4%,松屋却是3%的负增长。统计数据表明我的设计对经营毫无帮助。各位问我设计被否定有何感想,其实我并不在意,无法发挥作用的设计就应该改变。"

即使当事人表态不用过度反应,但设计委员会内仍有诸多不满意见。

"在各位当中,如果有人愿意负责拯救百货公司,请立刻出列。如何重整这家百货公司,连我都毫无头绪,所以请勿意气用事,要思考清晰的经营战略。好,谁愿意扛起这项重责大任?"

龟仓看着成员,每个人都低头不语。

于是,龟仓邀请中西前来,对他说:

"大家各有所长,却都不愿负起经营责任。只有你愿意扛下这个艰难的任务,今后不会再有任何人闲言闲语,出声反对了。请放心大胆地改革,完全不用顾虑我。"

后来,中西任用了设计师仲条正义,全面更换银座松屋的标志、百货公司的包装纸和手提袋等。

银座大道的松屋招牌更换新装时,龟仓却收到桑泽洋子的讣闻。

1936年，虎视眈眈、觊觎中国领土的日本帝国，扼杀了"新建筑工艺学院"，川喜田炼七郎在校内传授的包豪斯思想和教育理念，战后在桑泽的承继之下重生。

由于在《妇人画报》任杂志记者的经验，桑泽逐渐开始关注设计，她认为将美带给全世界，唯有从教育入手。为了遭到封校的"新建筑工艺学院"，她在心中点燃了一盏凭吊的灯火。1954年，她得偿夙愿创立了"桑泽设计研究所"。创立之初经营步步维艰，所幸有桥本彻郎从旁协助，龟仓也到场协助。当年的"桑桑""阿彻""龟老弟"经常在银座把酒高谈直到天亮，此时携手合作，登坛授课。

面对年轻学子，龟仓热切阐述美感为何，希望培育出更多像"龟老弟"这样的少年设计师。他投注热情心血，期望学生能了解自己的想法，并展翅翱翔在世界各地。这些优秀的毕业生跃上设计一线之后，桑泽设计研究所越来越受社会肯定。有意从事设计行业的年轻人纷纷怀抱希望与理想前来就读。原本在外苑前的木造校舍，在成立4年后的1958年，搬进新落成的雄伟壮观的学院大楼。大楼就位于涩谷神南。

桑泽设计研究所为日本美术界培育出无数出色亮眼的人才，包括：青叶益辉、浅叶克己、上原昌、内田繁、太田彻也、奥村靫正、河原光、仓俣史朗、光屿崇、铃木八郎、户田TZTOM、长友启典、中西元男、松本弦人、水谷孝次、水上宽、等等。

然而,桑泽并没有就此满足。1966年,她克服重重困难,在东京八王子开办东京造型大学。教授阵容囊括了胜见、清家清、杉浦康平等日本设计界、建筑界的重量级人物。在大学开办11年后的1977年4月12日,67岁的桑泽走完了她短暂的人生。

妇人画报社刚完成的《桑泽洋子的服饰设计》样本被送达守夜的会场。封面上的人体模特穿着鲜绿服饰,充分展现了桑泽的风格。龟仓将这厚厚的书摆入棺中,心中深深遗憾桑泽没能亲眼见到这本著作。

中西的银座松屋百货经营重整计划,在仲条清新的设计下,业绩每年都比前一年增长两位数。设计与经营密不可分,是会呼吸的同一生命体。CI变更的第三年,仍然比前一年增长两位数,这份成绩单也送到了松屋的设计委员会。龟仓庆幸自己当初支持中西的决定。

这时,龟仓收到了高桥锦吉的讣闻。

出于偶然,两人都住进了东中野的老旧公寓。在三省堂二楼,龟仓经常让高桥破费请吃咖喱饭。回顾过去,两人的君子之交已经超过45年。每逢新书面世,龟仓必定赠书给高桥。高桥答礼回信时,绝对少不了一番说教,"现在是最关键的时期，必须小心谨慎"，"别满足于现状，继续前进"，封封充满高桥的风格。他的美术字体为日本设计界开拓了崭新境界。他走过了精彩的一生。1980年9月23日，在淅沥的细雨中，许多人感念高桥的品格，都来送他最后一程。

1983年11月，龟仓收到PAOS成立20周年展的邀请函。

龟仓同胜见一道前往参观了20周年展。会场中展出的多件成功案例，都是以日本独特的经营风格打造而成的企业识别。最近盛行企业识别，大型广告公司和海外的CI顾问公司合作，投入大笔金额，提出标志或商标的修改方案。然而，直接移植欧美的成功案例是行不通的。如果不是中西当初强调，在策划重整经营时若不以日本独特的经营风格为前提，结果只会一再失败。中西作品的基础，正是具有了龟仓所说的KATACHI，融合了日本传统和西方精髓。

"下次见。"

胜见身穿高领毛衣，潇洒地披着深咖啡大衣，摇曳着一头全部梳往后脑的长发，慢慢走远。龟仓没想到这一眼，竟是胜见最后的身影。

1983年11月10日，龟仓收到胜见的讣闻。

艺术评论将艺术作为专业领域，但胜见却独自走在无人青睐的设计评论道路上。战前,所有人的志愿都是成为画家,龟仓却从一开始就投注心力在设计上,或许就是因为两人都具有天生反骨,才能心有灵犀,意气相投。

设计存在于身边的生活中,看似简单,但需要融合目的、功能等诸多要素,还必须详细分析,实则艰难万分。胜见能解开这些错综复杂的绳结,运用简洁词汇和犀利洞察力来剖析设计。他是唯一能说清楚我们为什么需要设计的人。与时俱进的设计,必须创作者和评论家两者同时参与,才能发挥功能。

在世博会之后,龟仓能相继完成札幌奥运官方海报、冲绳海洋博览会的形象标志等大型策划,都多亏了胜见。胜见是龟仓的工作伙伴,也是他人生道路上的兄长。

龟仓自愿担任胜见的治丧委员会长,丧礼联合了13个设计团体,盛大庄严。作为奠仪,龟仓编纂了全五册的《胜见胜著作集》,并设立了"胜见胜奖",第一届大奖由中西获选,可说是最佳的饯别之礼。

自从失去了胜见这根支柱,龟仓不断自我怀疑。

"未来,我是否能够发挥功能呢?我独自一人能越过这片荒野吗?"

将满69岁的龟仓仍然野心勃勃,祈求能接到大案子,确认自己宝刀未老。

或许 PAOS 的中西也察觉到龟仓的心思，1984 年夏初，他打电话联系龟仓。

"您应该知道电电公社[1]明年将要民营化，成为 NTT。继电电公社之后，国铁、专卖局等国营企业将陆续民营化。中曾根首相打算通过三公社的民营化，拯救日本经济，提升民间活力。所以，第一波的 NTT 民营化需要一个强有力的标志，一眼就要看出焕然一新的气象。我们希望龟仓先生能亲自出马负责设计。"

龟仓听完后顺势说道："中西先生，与国家相关的标志，应该举办竞图来挑选。"

"其实……"中西吞吞吐吐，面带苦涩。

"不必犹豫，举办竞图，不用担心竞图费用啊，一定有办法解决，这是永久使用的 NTT 标志啊。虽然我不知道全国有多少家电话公司，但这是与国家相关的工作，纵使竞图费用少，相信没有设计师会拒绝这么重要的工作。放心举办竞图吧。"

"其实，不是没有预算，而是没时间。总之，真的没有时间了，别说竞图了，其实连请您作业的时间都几乎没有了啊。"

---

1 即日本电信电话公社（Nippon Telegraph and Telephone Public Corporation；NTTPC）的简称，日语一般写作"电々公社"。

电电公社移交给新公司 NTT 的新营业日定于 1985 年 4 月 1 日，绝对不能改期。民营化说起来简单，执行起来可不简单。从业人员 32 万人，全国电报电话公司共 1700 家，还有个人签约的固定电话，都将同时转由 NTT 管理。电电的标志原本使用的范围究竟有多广呢？井盖上的标志、电话公司的招牌、32 万员工的名牌和名片，全部都要在同时变更。

中西通过 CI 重整经营的经验丰富，即使如此，电电的案子仍具有前所未有的高难度。而且，这项策划将成为日后国铁和专卖局民营化的个案研究资料，绝不允许失败。

新公司引进 CI 策划的竞稿，已经在民营化前一年的 5 月结束。在策划进行时，中西得知其他竞争对手的广告公司，和海外 CI 顾问公司合作进行提案。但中西丝毫不为所动，他知道这次不是单靠理论就能取胜。要提出确实可行的计划——32 万人同时改变，应付超过 5000 万部的签约固定电话。PAOS 有着 20 年的从业经验，中西在撰写策划书时，总是优先考虑执行计划。他有着十足把握，在策划书的第一页写下：

"电电公社的民营化，就是转型成服务业。"

中西的简报获得了压倒性的胜利。CI 策划原本应该立刻进行，以配合来年 4 月的民营化。9 月通过国会表决之后，有半年准备时间。然而，由于国会中朝野两党角力的关系，拖到了11月才正式通过。

可是，4月1日移交新公司的日期无法延后，没有半点商量余地。

在获得国会正式承认之前，所有的准备都得秘密进行。标志当然也是其中之一，所以没有时间举办竞图；或者应该说，因为信息无法公开，不可能举办竞图。

日本将要通过民营化改变的形象以及服务业的动力，这样关键的设计只能托付给一个人——龟仓雄策。

"原来没时间搞竞图啊。我原本还想取得压倒性胜利呢。"

中西无法明白龟仓为什么感叹惋惜。

两人开车上街，观察各处电电公社的标志，井盖、电话局和街道指引地图上也需使用标志。

回到事务所，龟仓挑选了粗心铅笔，一笔画成草图。没错，他画好的草图就是大家熟悉的NTT螺旋标志。

中西看到之后，确定自己的选择十分正确。现在只需交给即将担任首任NTT社长的真藤恒总裁，再请龟仓说明一番，应该就可以敲定。

真藤比龟仓大五岁，在担任石川岛播磨重工社长时人称"合理化先生"，见到同样是合理化主义的龟仓，会议自然顺利无碍。

龟仓摊开标志海报的样本。真藤开心地说道：

"就像假日时，我孙子绕着庭院跑跑跳跳的路线呢。"

"这次的民营化备受瞩目，所以得千万小心。决定标志的理由，竟是真藤总裁觉得像孙子在庭院玩耍，这么个人的理由，可千万不能上报啊。这段秘史，就只有我们三个人知道哦。这个标志就决定采用，继续保密进行。"

三人笑作一团，当场通过了新生的 NTT 标志。

1985 年 4 月 1 日，日本第一间民营化公司 NTT 启动。

民营化宣传活动的电视广告以计算机动画方式，将龟仓设计的螺旋图形不断循环画弧，影像动感十足，表达日本的经济将通过民营化逐渐转变，令人印象深刻。龟仓的这个设计，仿佛是一次盖章认证，证明日本的明天充满希望。

NTT 标志登场两个月后，龟仓接到令人精神大振的消息，他获得了日本标志设计协会第 19 届 SDA 大奖，获奖理由是标志系统具有公共性和环境美；之后，又接到好消息，他 3 年前制作的"广岛呼吁"年度海报集合（JAGDA "HIROSHIMA APPEALS 1983"），获得第六届芬兰拉赫蒂国际海报三年展社会部门首奖。

JAGDA 即日本平面设计师协会，成立于 1978 年，是龟仓在"日宣美"解散后为了保护工作自由却易处于弱势立场的设计师的权利，四处奔走而建立的组织。该组织至今仍然存在，约有300名会员。不过，龟仓认为，协会不能只是保护会员的权利，身为设计师，应该向社会发声，于是策划了"广岛呼吁"。

这项策划获得了广岛国际文化财团的支持，每年指名会员制作一幅海报。

第一届的海报制作者指名了龟仓。他思考着如何能瞬间在众人心中传达和平的信息。

他想到了落叶纷纷的诗情画意以及具有故事情节的戏剧性表达。

他邀请横山明描绘出30只美丽梦幻的蝴蝶羽翅燃烧着向下陨落的画面。龟仓再在海报上添上文字"HIROSHIMA APPEALS 1983"。海报获得了拉赫蒂国际海报三年展的最高奖。1985年9月5日，他获邀前往法国尼斯领奖，并发表获奖感言。

"我曾经读过一本B-29飞机机师的空袭笔记，他写道：眼下的日本一片碧绿，民宅的屋顶反射阳光，闪闪发亮。在看似空地处，有许多白点来回奔跑。他想知道那些白点是什么，于是请同机组人员察看。同伴使用功能强大的望远镜观看后，兴奋地高声说道：'啊，是一群少年正在打棒球。'机内顿时陷入沉重的寂静当中。"

龟仓说到这里，突然哽咽，台下的观众拍手鼓励伫立无语的他。于是，他再度开口，继续说道："和平海报，必须像那本机师手记一样，带有诗情与情节。手记写下碧绿日本和少年棒球，呈现出美好的诗情。然而几分钟后，在空袭之下，这份诗情将化为地狱，这就是战争的悲哀。和平海报需要加入这份悲伤，身为一位设计师，为了和平，永远不能停止燃烧自己的热情。我相信，唯有燃烧热情，才能创造出打动人心的海报。"

在场所有观众都起立喝彩，掌声经久不息。

从尼斯回国后，还未调回时差，龟仓又接到讣闻。

9月18日，LIGHT PUBLICITY的信田富夫逝世，享寿75岁。战前，信田撑起了日本工房和国际报道工艺的经营，学到了实用的经济学。战后，日本复兴经济，他很早开办了广告制作公司，默默支持日本的经济成长，是广告界的头号人物。战前战后，他总是出现在制作现场的最前线，与时代并肩奔驰，是龟仓最长久的战友。

东京奥运的系列海报虽然是以个人形式委托LIGHT PUBLICITY的早崎治和村越襄拍摄的，但LIGHT PUBLICITY摄影部倾巢出动，并投入了庞大资金，才最终得以完成。

东京奥运落幕后，龟仓每次拜访信田的社长室，墙上永远都张贴着奥运系列海报。这些海报作品满载着两人在日本工房时的青春回忆。

"信兄，永别了。"望着灵柩，龟仓感慨万千。

讣闻又随之而来，1986年3月26日，原弘过世。

每逢《FRONT》出刊，龟仓总是立刻前往情报局翻阅，和自己的《东亚画报》进行比较。那些久远的记忆，充满片片诗意。从龟仓第一次听到原弘的大名开始，原弘的死，为两人之间长达50年的故事画下了句点。

感伤之余，龟仓突然想起30年前，原弘曾经为他写过一篇《龟仓论》。龟仓从资料室中挖出1957年11月号的《工艺新闻》，重新读起来。原弘是从这四个层面观察龟仓的：

"身为设计师，他具有强韧的架构组织能力，是设计师当中少见的。而他也以这项天资为武器，不仅发挥于平面设计，更懂得灵活运用，拓展工作领域。

"身为艺术总监，他拥有杰出的策划能力，并且懂得见机行事，近来还学会了圆融行事，现在的他，充分具备艺术总监的资质。

"身为启蒙导师，对于新作家或新运动的知识，他绝不霸占独享，总乐于与他人分享。除了源于他的个性人品，如果对自身能力没有十足自信，恐怕也无法如此。

"身为人类，人称'直言居士'的他对任何人都直言不讳，或许是他与人留给人的印象。但他从不毒舌伤人，因为他的谈话内容充满知性与感性，有时带点浪花曲风，有时则像在说相声,有时甚至自曝其短。当他的个人魅力化为作品魅力展现于世人面前时,设计就能在人类社会中获得崇高的地位。"

第十三章

盟友江副浩正

↑ 瑞可利（Recruit）海鸥标志　资料提供：龟仓雄策资料室
↗ 瑞可利总公司大楼　资料提供：瑞可利控股公司（Recruit Holdings）

4月迎来73岁生日的龟仓雄策,这天早上一如往常地醒来。虽然是周末,不过天气预报说会下雨,他只好放弃常去的山中湖别墅。梅雨季节,云层厚重,天空阴沉沉的,所幸并无下雨的征兆。湿气沉重,光线晦暗,龟仓的双拼住宅位于广尾花园大厦B栋顶层,周围环绕着绿林。站在客厅窗边放眼望去,仿佛是莫奈以点描绘的世界。1988年6月18日,一个祥和的周六早晨,龟仓悠闲地翻开《朝日新闻》,享受这份宁静。

头版标题只有"美通商代表尤特访日,目标是高峰会期间解决进口自由化问题",没有其他重大事件,经济版也无特别报道。今天的报纸仿佛善解人意一般,没有任何骇人听闻的消息。然后,龟仓翻到了社会版。

斗大的标题、熟悉的公司名称映入眼帘。

"瑞可利,川崎市开发案,副市长取得相关股份,公开上市后销售获益1亿日元。子公司提供资金融资,以市长名义要求出售政府用地。"

"什么？瑞可利！"

龟仓抑制住激动的心情，继续阅读报道。

"根据本报在17日之前的调查（瑞可利总公司位于东京都中央区银座，董事长为江副浩正）决定参与川崎市的"川崎科技园区"计划时，负责邀请企业加入的市政府窗口小松秀熙副市长（55岁），收取瑞可利提供的关系企业未上市股票。昭和六十一年（1986）年底，趁着股票注册上市、股价立刻飙涨的时机抛售，获得高额利益。副市长收购股票的资金，来自瑞可利子公司提供融资。"

"竟然是川崎科技园区。"

在这片园区中，这年春天竣工的瑞可利大楼外观设计正出自龟仓之手。在高楼大厦林立的园区当中，大楼既不能破坏"川崎是通讯传递基地"的统一印象，又必须打造即将在全国各地建造的瑞可利大楼的外观印象，着实是一项不简单的大楼外观设计课题。

在导语旁边刊载的照片中，正是令他相当满意的信心之作。龟仓继续读着报道。

"小松副市长获得瑞可利关系企业 Recruit Cosmos 不动产公司股票3000股。获得时间是昭和五十九年（1984）12月，当时该公司股票尚未上市，一般无法获得。小松副市长以一股12000多日元的价格从瑞可利公司购得股票。"

预定上市的股票,在未公开之前一般人无法购买。然而,以往的商业习惯,将未上市股票转让给一些相关人士很常见,并不稀奇,目的要么是回报协助企业成立、股票上市的职员或相关人士,要么是拉拢稳固的股东,以"礼金"形式或理由转让。不过,这篇报道则站在批判角度,认为这次股票转让疑似贿赂。

龟仓和瑞可利的江副浩正已经有20年交情。他深知江副的为人。江副不善言辞,总是习惯"送礼",这是他表达谢意的少数方法之一。当他知道龟仓只在银座的和光百货定制西装时,总是带着和光百货的定制服礼券出现在龟仓面前。托他的福,龟仓定制了许多套西装。

4年前,Recruit Cosmos的股票上市,对江副一手创立的瑞可利集团来说是首次的壮举。江副非常开心,身为壮年企业家,带着自信满满的笑容来找龟仓,高亢地说道:

"托您的福,Cosmos的股票准备上市了。多亏龟仓先生多年来的指导,感谢平日的照顾,今天我带来了公司股票,希望您能收下。"

江副诚挚地感激长年来的恩情。龟仓难以拒绝,于是收下了股票。

龟仓想着,想必他对报道里的川崎副市长也是抱着同样心情吧。只要懂得江副平日的作为，其实不难理解，这波骚动应该很快就会平息吧。于是他离开客厅，不再追究。

然而，事态却不如龟仓预测，反而像滚雪球般越滚越大。

社会大众并不知道，年初时针对副市长的股票转让，神奈川县警认为涉及行贿，进行过搜查。可是，股票转让并非收受现金，难以判断是否涉及行贿，再加上行贿罪时效三年，所以四年前的事已无法追溯，县警被迫中途放弃。通常来说，事件应该就此打住，媒体不会再追踪检警搜查无果、放弃起诉的事件。根据以往的模式，瑞可利事件理应"画下句点"。

然而，朝日新闻社横滨分社却紧咬不放，撰写刊登告发报道，煽动了社会大众的好奇心。原本已经结束的事件再次被挖出来，扩大成由媒体主导的重大丑闻。以往许多嫌疑事件通过检方搜查，得以真相大白。然而，瑞可利丑闻的真相，媒体引导的侦办，导致事态急剧扩大，最终导致当时竹下内阁的倒台。

因转让股票而被问罪的江副，贯彻"转让股票无关瑞可利事业，都是商请熟识友人持有股票，成为稳定股东"的说法，坚持自己无罪。针对行贿嫌疑，法院开庭审理了318次，前后长达13年，前所未见。2003年3月4日，东京地方法院裁决江副有罪，判刑3年，缓刑5年。经过媒体揭露而引起社会关注的瑞可利丑闻，终于演变成犯罪事件。

嫌疑对象当然不只江副一人。6月30日，媒体报道自民党政务调查委员会委员长渡边美智雄、前农林省大臣加藤六月、前防卫厅厅长加藤纮一、民社党委员长冢本三郎等，他们本人、家人、秘书都在买卖Cosmos股票。媒体发起猛烈炮火，不分朝野地批判朝野两党雨露均沾，并在股票上市后立即抛售，大笔现金入袋，坐收渔利。

竹下首相和自民党政府坚持引进3%的消费税，遭到批判，说"强迫国民缴纳消费税，政治家却'坐收渔利'"，国民齐感不平，更增加了对瑞可利丑闻的关心。每份报纸标题都是"坐收渔利"，《朝日新闻》报道的前一周才播放的瑞可利企业广告"信息鼓舞人心"，被迫停播，龟仓制作的海报项目也只能宣告暂停。

7月6日，媒体继续报道前首相中曾根康弘、大藏省大臣宫泽喜一、自民党干事长安倍晋太郎的秘书等人都收取了Cosmos股票，再加深了政界染贿的印象。然而，牵涉范围扩及了媒体。

据翌日发售的《朝日周刊》报道，《日本经济新闻》的森田康社长获得2万股Cosmos股票转让，公开上市之后立即抛售，获利8000万日元。

森田是江副在东大时代的学长，两人已有多年交情，共同的兴趣是交谊舞。然而，媒体职责是揭发丑闻真相，报社高层居然接受股票转让，社会大众当然不能纵容。7月6日傍晚，在《朝日周刊》发售前，森田宣布辞去社长一职。在这波辞职的影响下，江副辞去了董事长职务，退任顾问董事。

7月7日，媒体报道首相竹下登使用前秘书的名义买卖股票。对在国会致力引进消费税的竹下首相而言，这无疑严重威胁到他的政治生命。

龟仓得知，身心俱疲的江副住进虎之门医院，有时甚至打算自我了断，必须持续服用安神药。江副住院两个月后，龟仓担心他的身心状态，于是致电医院。

江副的声音听来还算有活力。

"不好意思，让您挂心了。最近精神恢复不少，打算到海外旅行散心，所以现在正在病房看旅游指南呢。"

各家媒体杀红了眼，不过，却再也挖不出更新、更高层的人物，事态似乎逐渐平息。

于是，9月5日，银座平面画廊以"信息鼓舞人心"为名，举办龟仓的海报展。可是，就在开幕酒会前，突发一起意外事件。

傍晚的电视新闻报道：Cosmos社长室主任带着500万日元现金拜访了社会民主联合党的楢崎弥之助议员，恳求停止追踪事件。而且，当时的状况都被日本电视台以隐藏摄影机全程拍摄下来。这段独家爆料的影像正在被重复播放。

"为了保护国会议员的权威，我决心举报瑞可利。"楢崎的宣言，重新吹响号角，掀起媒体的又一场混战。

10月11日，媒体报道前劳动省事务次官接受Cosmos的股票转让，牵涉范围再度扩大至政务官层级。江副的身心再度遭到刺激，卧病不起。

10月12日，针对金丸信税制等问题，江副在病床上接受调查特别委员会会长的询问，本来应该讨论日本引进消费税利弊的"消费税国会"，如今演变成"瑞可利国会"。江副不愿再多回答，"如果必须公开姓名，我宁愿选择一死，从人间消失"，"即使被判刑事罚责，我也不会松口"，坚持拒绝公开股票转让的对象。

10月19日，瑞可利遭到搜索，扣押了1700箱资料。

10月20日，东京地检逮捕并起诉Cosmos社长室主任。

11月1日，媒体报道NTT董事长真藤恒的秘书收取转让股票。

11月10日，自民党强行通过提案，决定引进消费税。日本自1989年4月1日起，开征3%的消费税。

11月15日，自民党仿佛是为了补偿"强行通过"，决定公开 Cosmos 股票转让对象名单。顽固拒绝公开的江副，也不得不屈服，除了 16 位政治家以外，还公开了和瑞可利利益相关的转让对象。

媒体在报道时，频频使用了"回流股票"一词。

两年前的 1984 年 12 月，Cosmos 股票准备上市时，江副将股票转让给 76 名相关人士，其中包括龟仓。然而，在股票将要上市时，江副从五家交情深厚的企业手上，回购了转让的 76 万股。这就是"回流股票"。然后，这些股票再度转让给了其他 83 名相关人士。

以往，瑞可利对外说明"敝公司的非营业收入将大幅下滑，所以紧急售出股票作为应变"。然而，收取回流股票的 83 名相关人士当中，除了 16 名政治人物以外，还有与瑞可利事业关系深厚的政府机关、企业、Cosmos 土地批准相关的地方政府公务员和议员等。这些清楚地显示了股票在公开上市之前，转让给了利益相关人士。

在发现这些事实之前，一部分人认为"将未上市股票转让给相关人士，常用于一般的股票交易，稀松常见，这次事件并非个案"。可是，在发现回流股票之后，支持江副的舆论瞬间消散。

11 月 21 日，众议院瑞可利委员会传问江副。

龟仓静静听着被国会议员穷追猛打的江副的声音。不过，他注意到的并非主张不变的答辩内容，而是在静止画面中的江副的身影，双颊凹陷、疏于修剪，长度过耳的头发已经花白。第一次见到江副时，他还是个生气蓬勃的耀眼青年，但此刻在荧屏上的江副，却成了另一个人。龟仓望着他衰老疲累的身形，不禁反省自己。

今天这种局面，说不定都是因为自己。

日本设计中心以龟仓为核心而成立，他却于两年后辞职，在六本木的远藤大楼创立了"龟仓设计研究所"。才刚开业不久，在47岁的龟仓面前出现了后来成为瑞可利专务的森村稔。森村是博报堂的文案写手，在东大同学江副的请托之下，晚上在瑞可利写稿，支援刚刚创业的瑞可利。

森村期期艾艾的说话方式，像个木讷的学者，虽然刚与友人创业，却丝毫感觉不到创业者投机赌博的气质。刚一见面，龟仓就对他产生好感。

首先，森村说明了公司事业内容是计划统整各企业公司的招聘信息。龟仓看不出这种事业的优异性，却仍然兴致勃勃，因为这本免费发送给学生的、厚厚一本的就业杂志《来自企业的邀请》的封面非常扎实有型。询问之下，原来是委托博报堂艺术总监进行设计的。公司才刚创业，经营想必不轻松，即使是零头小钱的经费都设法节省。然而，封面却委托了有实力的设计师，可见经营基础上已有稳固的美学意识。龟仓深信经营者缺乏美学意识，绝不可能打造出异于其他公司的企业战略。所以他看到封面，凭直觉认为瑞可利将来大有作为。

森村继续说明："这次针对企业的人事部门，公司将创刊新杂志《求才月刊》。我们希望为人事这个硬邦邦的世界，注入一些美感。于是，我和江副商量，准备委托日本首屈一指的设计师龟仓先生进行封面设计。"

一本发行不到1000册的新杂志，居然打算请龟仓"大师"来设计。

"有杂志样本吗？"

"还没有。如果龟仓先生愿意设计封面，我和江副希望以封面决定编辑内容。"

这种说法真是鼓舞人心，不是从编辑内容进行设计，而是配合完成的封面，再策划编辑内容。这种想法似乎不曾听过，龟仓不禁爱上了瑞可利甚至尚未谋面的江副。

人事是公司的主干，主干结实，企业才能开花结果。于是，龟仓在封面中间画上钻石般的硬质花蕊，周围再画上花瓣。龟仓将设计案交给森村，说道：

"花瓣部分采用不同颜色，就会有千变万化的封面类型；表示象征人事的花蕊，坚毅不动摇，就能开出各色企业花朵，这就是《求才月刊》将要传达的信息。不过，贵公司的经费应该不充裕,所以不必付费了。"

龟仓给瑞可利介绍了日本设计中心一位女文案写手,还为她挑选了适合的手提包作为礼物,并附上感谢卡。

她说:"虽然还不清楚工作内容,但这家公司非常优秀,谢谢您的介绍。"

《求才月刊》后来改名为《Recruit Book》,封面也请龟仓设计。这种合作关系持续了一段时间。

4年后的1976年年底,森村偕同江副拜访龟仓。瘦小、短发的江副英气焕发,却让人感受不到创业家身上唯我独尊、咄咄逼人的气质。

"现在公司需要用简单易懂的标志明确传递经营战略蓝图,所以我前来委托龟仓先生设计社徽。"

这间公司果然将经营方式和战略托付在设计上。龟仓更加佩服这位年轻经营者了。

然而,社徽设计并不简单,这家公司着眼于无人关心的人事领域,并打算发展成一项事业,必须将这项公司的经营蓝图浓缩成一个简洁的视觉符号。

在工作中,龟仓几乎不曾遇到苦思未果的情形,总是在极短时间内就能创造出切中要害的设计。可是,这次却异于以往,他绞尽脑汁也无法找到答案,三个月过去了,还挤不出半个点子。

龟仓仿佛是不想面对瑞可利的案子，飞去维也纳的圣克里斯托弗镇滑雪。他一口气滑下陡峭的山坡，感觉自己冲向蔚蓝的天空，一路蜿蜒而下，心情舒爽快活。身穿白色滑雪服的他，仿佛从空中俯冲而下的海鸥。

龟仓突然灵机一动：瑞可利就是海鸥啊。

莘莘学子从学校毕业，在踏入社会之前，需要的就是这家公司。而且，这家公司、员工、社长都还很年轻，都是全纯白的海鸥，接下来也将翱翔在社会这片蓝天之中。

龟仓回国之后，立刻着手制作社徽，草图绘制仍不必花太长时间。首先画下胸章大小的海鸥，然后请助手放大成两米长的海鸥。即使放大到这个尺寸，仍能够不失造型美感，每个人都能看出展翅飞翔在青空的海鸥。龟仓立刻联系森村和江副。

两人看到天花板高的巨大海鸥，屏息惊叹，然后这股惊叹旋即转为快心遂意。

龟仓斩钉截铁道："现在看起来是有些怪异，但10年后一定能成为杰出的标志。"

江副答道："不仅在人事领域，未来我们计划在各个领域开展史无前例的信息事业。这片蓝天就是未知的事业空间，这只飞翔的海鸥就是我们吧。"

森村听着江副的回答，困惑地问道：

"我也看得出来海鸥就是我们，但为什么需要这么大的尺寸呢？"

"我相信将来盖起公司大楼时，需要这么大的尺寸。所以先行确认是否适合。"

对于一个才刚起步的创业家，远远没有想到要建造公司大楼。江副的眼神却敏锐地回应了龟仓的话。龟仓察觉到，对方已经启动了开关。

迎接创业10周年时，江副带着熏制的黑猪肉和奶酪作为谢礼。他表示最近买下了鹿儿岛县志布志湾的13万平方米土地，开始饲牛养猪，所以这些都是公司的产品。

"购买这么大片土地，想必资金周转很辛苦吧，银行居然愿意提供贷款。"

"不，本公司从创业以来都是无贷款经营。"

江副挺起胸膛，自豪地说道。

创业的第12年，公司业绩达到10亿日元，又向银行贷款10亿日元，建造了第一座公司大楼——西新桥大楼。

"今天是来商量海鸥社徽在大楼上的摆放位置。"

龟仓曾在银座繁华地带为明治制果、尼康等多家企业设计大楼标志，在他眼中，这栋刚竣工的公司大楼实在是平平无奇。

"我希望能在建设之前先商量一下啊。不是在大楼装上招牌就能有所不同。公司大楼要展现经营思想,直接在城镇街道中传递信息。所以,不以海鸥为核心进行大楼外观设计,毫无意义啊。"

"公司大楼不会只有一栋的。将来,我一定会建造一栋名副其实的瑞可利总公司大楼。那时我一定会请龟仓先生做建筑设计。"

在西新桥大楼完工8年后的1979年,银座八丁目的土桥转角地段将要出售,土地买价和大楼建设费用合计约需500亿日元。对业绩350亿日元、经常性净利润42亿日元的瑞可利而言,负担相当沉重,即便如此,江副仍重金拍下。

江副和龟仓在西新桥大楼前立下的约定,他依约实现了。龟仓担任建筑计划总监,在第一次会议中说明了银座总公司大楼的概念。

"银座是日本最繁华的街区,必须明快有活力。这座大楼位于银座的入口,必须为街区增添活力,明快的经营、健康有活力的员工等公司风格与经营思想,必须向整个街区有力传达。新大楼的建设概念,就是'明快有活力'。"

外墙是蓝色玻璃帷幕,顶楼空调室、电梯机房也是围上玻璃帷幕。大楼上方镶上黑带,在前后两面配置黄色的"Recruit"英文名称。挑高的玄关入口,挂上两米大的海鸥,仿佛正要展翅飞向湛蓝的玻璃帷幕天空。

1981年3月，瑞可利总公司大楼坐落于银座街道的入口。接着是分公司，江副买下新干线停靠车站周围的土地，陆续建造和总公司大楼相同的玻璃帷幕瑞可利大楼。大楼的上方镶着黑带和Recruit的文字，还有海鸥。每当新干线停靠车站时，映入眼帘的就是大楼外观，瑞可利的印象深植人心。

66岁的龟仓可以说是建筑新人，给他这个机会的江副又给他准备了另一个机会——宛如欧洲阿尔卑斯般的滑雪度假村开发案。

几乎整天埋首于工作的龟仓，唯一的休闲活动就是战后开始的滑雪。每年冬天，他都跟着教练在藏王、猪苗代、万座等滑雪场，努力学习。冬天时，每周五下午3点，他搭乘特急电车前往滑雪场，尽情滑雪，周日晚上才打道回府。他每年会去欧洲一个月，过于沉迷的结果，就是脚掌接触滑雪靴的部分疼痛难忍，只好麻烦熟识的外科医生削掉软骨。

龟仓滑遍欧洲的滑雪度假村，早已厌倦了简陋的日本滑雪场。他梦想打造一座不输海外的滑雪度假村。

"当然，当然，我当然愿意，从滑雪路线到度假村开发，我都愿意负责设计。"

江副也希望通过龟仓的美学意识，实现自己滑雪的梦想。

"龟仓先生愿意参与所有细节，这真是太棒了。首先，我来寻找适合的山和土地。"

约一年半以后，江副一脸兴奋地来访。他告知龟仓，从国铁花轮线的龙之森车站可望见前森山的那一带地区，早已是滑雪场开发指定用地，却从来无人问津。两人立刻前往前森山，爬到山顶，再一口气滑到山下；然后再爬到山顶，又从另一面斜坡滑下。龟仓认为这地方非常不错，深具潜力，能开发成为不输其他地方的滑雪度假村。

"安比"在阿依努语中意为"安住之地"，安比川流经的地区，便命名为"安比高原"。瑞可利与岩手县和当地企业联合出资，创办了安比综合开发公司，度假村计划正式启动。

龟仓每年开发滑雪路线，总计8条滑雪路线，用自己喜欢的野鸟取名，还设计了路线标志。1982，东北新干线开通再次推波助澜，安比旋即成为日本人气滑雪场第三名。然后，龟仓和美术馆建设著称的建筑师谷口吉生合作，建造了长期住宿型分租饭店。完成后的柠檬黄色的饭店，能衬托出雪白冬天和翠绿夏天。饭店内设施指示的图形符号、餐厅招牌、指标、菜单等所有设计，都由龟仓一手包办。

在开发的过程中，龟仓答应江副的请托，出任公司外部董事。

另一方面，江副借入大笔资金，建造多栋大楼，当初骄傲无贷款经营、英姿焕发的江副已不复见。他出手参与不动产事业，创立了 Recruit Cosmos；作为不动产事业的其中一环，还创立了非银行金融机构，从事购入资金放款业务。他在不动产上投注越来越多的心力，Cosmos 的股票上市，最后演变成"瑞可利事件"。

站在证人台前的江副，再无青年企业家的飞扬风采，只见羽翼弯折、苍老疲累的平凡人试图挣扎求生。后来，电视荧幕上不再见到江副的身影，看来他平安撑过了折腾人的证人传唤。

可是，事件尚未结束。12月9日，大藏省大臣宫泽辞职；14日，NTT董事长真藤也辞职了。各家报纸再掀谴责声浪，宣称"请友人旧识持有股票"的江副，再度陷入众人追打的绝境。

龟仓听着新闻播报，一边想着自从江副被逮捕之后的计划，如今正是实行的机会。

龟仓长年盼望实现设计和经营一体化。江副信任龟仓，不仅是平面设计，甚至放手让他主持建筑和环境设计，并以公司外部董事参与经营。江副现在正处于痛苦当中，遭到社会铺天盖地的谩骂,精力耗尽,衰弱不起,还得抵抗自杀的念头,自己岂能放任不管。他要从旁扶助:即使全世界都弃他不顾,我也要与他同行。

龟仓决定将"龟仓设计研究所"迁到瑞可利大楼内。他致电江副传达了自己的想法。然而,江副断然拒绝。

"谢谢您的提议,但是我不能让龟仓先生晚节不保。我收下您的心意,但是切勿搬迁公司。"

"我询问过资生堂的福原义春先生了,他举双手赞成,我的心意已决,所以已经和事务所的房东解约,租期到年底。"

挂断电话,龟仓立刻撰写事务所搬迁通知。

> 为了解决日积月累的资料和狭隘的空间等现状,在本人的无理要求之下,银座八丁目瑞可利大楼腾出空间,事务所将迁移至此。精华地段,房租当然有其行情,高昂的支出,仅靠一位设计师能否顺利经营维持,将是今后的难题。这次并非我龟仓的重新出发,只是顺其自然的行动。或许各位认为本人年事已高,何不在乡间养鸡拾蛋,听听蛙鸣,安享晚年。不过,本人的性情如此,恕难从命。1988年12月吉日 龟仓雄策。

对于社会的愤慨，龟仓以幽默隐藏在搬迁通知当中，然后他和水上宽等三位助手，搬入自己设计的大楼二层。有些外部董事借机请辞，也有许多人作鸟兽散，疏远江副。龟仓则是反其道而行。

1989年1月7日，昭和天皇驾崩，一个时代结束。

2月13日，江副被捕，罪名是嫌疑行贿NTT董事。除了半藏门医院病房、住家遭到搜索之外，大批媒体蜂拥聚集在瑞可利员工出入口前。龟仓对瑞可利员工说道：

"堂堂正正地进出大门，不必畏缩躲藏。从来无人办到的信息社会，都是你们靠着自己的智慧打造而成的，完全没有借助任何外力。在社会上，各位都可抬头挺胸，昂首阔步。"

这些"孙子辈"的员工根本不识设计师龟仓雄策是何等人物，只知道"那位老大爷精神奕奕，行事有趣"，获得了众人的敬爱。

但媒体们以便利店盒饭充饥，死死把住员工出入口，严阵以待。

"我精心设计的大楼，不许你们乱丢剩饭残羹，制造脏乱。"

媒体包围了龟仓，质问他是否获得股票，龟仓毫不畏惧地答道：

"有啊，我收了。我和江副先生是多年旧识。如果认为不对，先认真搜集证据再下笔挞伐也不迟！"

4月1日，日本正式开征3%的消费税。

4月25日，因为瑞可利事件，政府失信，竹下首相宣布辞职以示负责。战后，日本第一次因媒体追究而导致内阁倒阁。

翌日，竹下的前秘书被发现在自家上吊身亡。

半年间，因为6件行贿案的嫌疑，江副遭到起诉。

媒体陆续曝光的事实，不仅员工，甚至连瑞可利社长位田尚隆也不知情。负责发言的董事，被媒体突然质问未披露的事实时，往往只是沉默以对。每天每夜，报纸头版都只见斗大的"瑞可利"，董事聚集会议室内却无计可施，内心动摇、混乱，人人都只有一个想法：

"瑞可利将要崩溃瓦解。"

在董事会上，龟仓一人神色泰然。面对因从未听说的惊愕事实而议论纷纷的董事们，龟仓循循善诱地说："请各位镇定，这种事情两年后就会烟消云散，再也无人记得。现在不能自乱阵脚，动摇信心，而是要确实做好手边的工作。因为日本社会早已习惯瑞可利提供的信息了，再也无法失去。"

龟仓的一席话，说出瑞可利的经营核心理念，稳定了位田等多位董事的军心。

6月6日,历经113天的羁押,江副获得保释。

7月初,为了静养,江副秘密滞留安比高原。他在饭店大堂巧遇了龟仓,一起享用晚餐之际,龟仓借机询问许久未解的疑问。

"我从不知道江副先生和政治家有那么深的往来,是何时开始的?"

"我有几位同学是国会议员。他们总异口同声地说议员口袋空空,不靠募款根本无从施展。我想帮助他们促进政治进步,所以就买下了募款餐券。这是从瑞可利成立时就开始的,所以持续捐款了40年。"

"所以,这些政治献金承载着江副先生的理念,总计金额是多少呢?"

"获利的1%作为捐款,可以免征税。在事件发生时,瑞可利集团的获利约500亿日元,所以应该捐出约5个亿吧。"

金额大幅超出龟仓的预测。

"您觉得这个国家的政治变好了吗?"

"很可惜没有。对不起,我太天真了。"

满头白发的江副垂下头。

"政治不会因为献金而转好,这是你和堤清二的不同。堤先生绝不捐助大笔政治献金,但他却大手笔地资助文化事业。"[1]

1964年,一手打造西武铁道集团的堤康次郎过世,三子堤义明继承铁道事业,次子堤清二则继承以池袋西武百货公司为主的流通事业。堤清二经由庞大借款还款的重复进行,陆续开展崭新文化事业,1970年,成立西武世尊集团,横跨百货公司、美术馆、剧场、书店和出版等行业。接下来20年,他陆续创立巴而可剧场、无印良品、西洋饭店等,都蕴含文化气息。龟仓在战后持续主张"经营和设计一体化",堤清二可说是具体实现这一理念的经营者,比如无印良品,其品牌概念、商品开发、店面设计等。堤清二的身旁总有田中一光的影子。从堤清二的旗下单飞的创作人不计其数,像石冈瑛子、浅叶克己、系井重里等。

"江副先生的确打造出巨大的信息王国。但是您打造文化事业了吗?安比高原或许算一个,但是后来呢?真是太可惜了,当然我也有责任,在您身边,却未能劝您为文化出资。我应该更贪心一些,花费大手笔在银座正中央盖一座瑞可利美术馆,让您根本没有余裕去捐助政治献金,就

---

[1] 在商业成功之外,堤清二以笔名"辻井乔"闯入文坛,代表作包括获谷崎润一郎奖的《彩虹海角》、获室生犀星诗人奖的《异邦人》等,其描写父亲堤康次郎的书《父亲的肖像》,于2004年获得野间文艺奖。2012年当选日本"文化功劳者"。

不会有今天的事了。"

龟仓的一番话让江副的表情终于稍微放松。龟仓继续说道:"今天,有些话一定要对您说。您现在几岁?"

"53了。"

"您还很年轻呢。您听好,江副先生引起政治混乱,导致内阁垮台。在日本,除了法律上的惩罚之外,在道义上也是有罪的。即使是实际服刑,最多一年半吧,我劝您趁早服刑,出来之后还能继续工作。我已经老了,但您还年轻呢。"

江副躬着身子道歉致意,但是,他终究没有听从龟仓的劝告。

10月10日,报纸标题写着"NTT前董事长真藤恒判决有罪"。东京地方法院裁决判刑两年,缓刑三年,追缴罚金2277万日元。

过去,面对龟仓设计的NTT标志,真藤赞赏"像孙子绕着庭院跑跑跳跳",他在家中肯定是个慈祥和蔼的爷爷。英明果断的工作能力,促使他当上了NTT首任社长,现在却晚节不保,在80多岁高龄被判有罪,不知道真藤心里是何滋味,至少龟仓感到心痛。

12月15日,针对江副在政界的关系,进行第一次审判。从第一次审判起,在长达12年的诉讼当中,江副始终辩称无罪,坚持抗争。

瑞可利事件闹得社会沸沸扬扬,不过集团事业的业绩依然节节高升。然而,瑞可利债务 400 亿日元,Cosmos 债务 500 亿日元,第一金融公司 7000 亿日元,集团整体债务高达 18000 亿日元。龟仓得知之后深感不安。

1991 年,这股不安化为现实。日本经济泡沫崩溃,不动产暴跌,Cosmos 瞬间陷入经营危机。

深秋,江副造访龟仓位于广尾的宅邸,表示有事相求。

"实在是羞于启齿,Cosmos 的状况相当惨重。"

"那么惨啊?"

"成交量大幅下跌,只达到目标额的 10%,现在有大量完工物件的库存。"

"什么,10%?"

龟仓无言以对。

"所以,我们召开最高经营者会议。这是秘密会议,瑞可利董事会完全不知情。会议的成员,瑞可利将有位田社长、负责财务和事业的两位专务,还有集团的会议长和我。今天前来恳请龟仓先生也加入。"

于是,龟仓每周一次到瑞可利总公司 11 层参加最高经营会议,简称"最经会"。到场出席之后,龟仓终于了解了自己受邀参加的理由。

位田等瑞可利经营高层都不想用瑞可利的利润去填补 Cosmos 的损失，认为不如公开 Cosmos 的所有损失，交出亏损财报。然而，财报亏损时，Cosmos 的经营责任必定遭到追究，首先必须追责的 Cosmos 社长是位田的前主管，所以立场尴尬。Cosmos 社长、瑞可利集团会议长、江副都是瑞可利的创业成员，他们一路携手披荆斩棘，才有了今天的成就。

可是，最经会已不见丝毫伙伴之间的情谊。位田白皙的脸色更显苍白。每个人都等着江副对事业和事件的结论。可是，因为瑞可利事件辞去董事长职位、退居顾问的江副却有所顾虑。会议陷入僵局，无法决定是否以瑞可利利润填补 Cosmos 的赤字，只决定任命江副为瑞可利集团特别顾问，就草草结束了。

坚持设计和经营必须融为一体，所以龟仓接下了公司外部董事一职，也出席最经会。但是，这些事态的发展，远远超出了龟仓想象中的"经营"领域。

无论是 Cosmos 的新社长人事案，或是 Cosmos 重建案，每周召开的最经会都摇摆不定，无法下定论。无人站出来取代江副统率集团，经过半年，重整案仍旧悬而未决。

结算季节逼近，连龟仓都难掩焦虑，无法执行龟仓设计研究所的日常工作，每日辗转难眠。那天，龟仓一脸疲急地出席最经会。

结算迫在眉睫,重整计划室的提案是 Cosmos 先以赤字结算,以后再设法创造盈余。龟仓一听,只觉得当事人毫无警觉意识,Cosmos 问题对瑞可利而言仿佛事不关己。他高声说道:

"这是什么提案! Cosmos 变成赤字公司,后续就无法期待银行提供资金调度,瑞可利也会受到拖累,这座信息王国将遭灭顶之灾。所以,Cosmos 绝对不能交出赤字财报。耗费宝贵时间讨论这种提案,根本没用。"

德高望重的龟仓此言既出,瑞可利当即买下 Cosmos 剩余的公寓,并决定宣布 Cosmos 平成三年(1991)的年度财报为盈余。

事情还未了,Cosmos 连带导致第一金融公司无以为继。4月初的最经会上,银行出身的第一金融公司社长语气平淡地说明状况,公布平成三年年度财报。

"超过70%的放款是逾期放款,总计约达4000亿日元。"

"逾期放款?"

银行出身的社长恭敬地回答龟仓的提问:

"逾期放款是指收不到利息的债权。事实上,在一般正常债权当中,追加贷款来偿还利息的案件相当多。"

最经会的会场中,分不清是惊还是叹的声音四起。江副似乎现在才知道事态严重，抽搐着消瘦的脸庞，仰头望向天花板。

"当初为什么不听我的劝告！"龟仓忍不住大吼。

当他听到江副成立非银行的金融机构——第一金融公司时，好言相劝：

"银行不肯提供贷款的对象，瑞可利却给予贷款，别捡这种银行弃置不顾的案子。"

然而，江副热衷于不动产，无法听进龟仓的劝告，涉入高利放款业。在瑞可利创业成员当中，大概没有一个会奋不顾身地以死相谏吧。第一金融社长报告的窘状，令人震惊，瑞可利经营高层却冷淡以对，一副事不关己的态度，看来转投不动产与金融的江副，与瑞可利经营高层之间早已出现一道深不见底的鸿沟。早知自己不应该只是劝谏，应该更极力地反对。

后来，经过一个月，连如何解决当前问题都未进行讨论，在连休假期之前，最经会先行散会。

1992年5月的连休假期，龟仓在安比度假村度假。江副也来到安比。江副表示有事相谈，来到龟仓住的套房。

"刚才联系了大荣公司的中内先生，他答应5月5日同我会面。"

然后，江副再未多说一句，垂头丧气地坐在龟仓面前。

龟仓一听就懂，眼前这个男人打算将所持的瑞可利股票，转售给大荣公司的中内功，帮助 Cosmos、第一金融公司度过经营危机。这些股票等于是江副的分身，决定放手转售给大荣公司，选择离开自己一手打造的公司，想必是迫不得已、悲痛万分的决断。可是，江副为什么会选择大荣公司呢？

"您和中内先生已经有这等交情了啊？"

"第一次见到中内先生是昭和三十八年（1963）。那次在阪急电铁的西宫北口车站，站前有'主妇的店·大荣'，社长室只有六张榻榻米大，简单朴实。"

江副平铺直叙二人初识的情形，以致后来的决断过程。

江副请中内在大学新闻刊登招聘广告，中内则回复"半价的话，我就包下大学新闻的全部广告版面"。中内的判断迅速果决、合情合理，令江副敬佩不已。创业 10 年时，他拜访中内，请求他成为瑞可利的股东。中内表示"前来大荣请托销售商品、精打细算的人多不胜数，你是第一个看待金钱如此天真的人"，也不问股利分配，当场答应江副的请求。看到中内赏识自己，江副由衷地开心与荣幸。后来他持续关注中内的经营方法，发现大荣的经营特征在于收购许多企业，纳入旗下，仍然维持收购企业的独特性，是中内独特风格的"橘色共和国经营"[1]。

"愿意继承集团高达18000亿日元的债务,位田社长等执行干部维持原职,据我所知,只有中内先生有此能力和度量。"

江副和中内的交情,看来比自己更长、更深。既然两人相互理解和信赖,仰仗经团联副会长中内的协助,再适合不过了。

"这个方法可行。不过,这么大的难题,您竟然能独自决断。"

"为了《Recruit Book》的高层采访单元,我和摄影师等五人一起采访了松下幸之助。幸之助先生独自接受访谈,开口就说'五个人的大阵仗,采访我一个人,看来贵公司相当赚钱啊',让我无言以对。后来与人会面时,我都设法单独行动。"

或许,这正是其快速成长的秘诀,但同时也是陷阱。

江副一人行动,事业扩大到江副坚持发展的不动产、金融产业,引发瑞可利的经营危机。江副一人行动,引发震惊社会的瑞可利事件。没想到松下的一句话,居然是震惊社会犯罪事件的起因。龟仓认为瑞可利当中,没有果决

---

[1] 大荣公司的标志是橘色的。

强势的伙伴在江副身边，才会导致今天的事态的发生。

5月的长假连休当中，江副仍然坚持一个人与中内见面。居中协助办事的银行总经理也是一个人去会面。把自己持有的瑞可利股票转让给大荣，还有迎接中内担任瑞可利董事长，他都是一个人办妥。

三者商定的结果，在5月中旬的最经会上，由江副平静地向成员公布。

位田社长等瑞可利经营高层听完，个个哑口无言，担心被纳入"大荣旗下"，因为企业文化迥然不同；反而是向来对瑞可利股票抱有兴趣的世尊集团，公司文化与之更加接近。为什么没有选择世尊？而且，为什么江副需要对外转让瑞可利股票？明明还有职员持股会的选择，而非大荣。

然而，室内一片沉寂，没有任何人发言或者质问江副。可这种持续的沉寂正是表达不同意。龟仓察觉到这股静默气氛，开口说道：

"江副先生并非真心想要卖掉股票。各位绝对不可忘记，他是为了挽救Cosmos和第一金融公司，悲痛地拿出这些股票的。在苦涩的决断当中，他选择了中内先生。各位仔细想想，这其实是好事一件。通常纳入集团旗下，社长唯有卷铺盖走人一途，世尊、索尼都是这样。但是，中内先生明确表示位田社长等重要干部，都续留原职，这是求之不得啊。"

两天后，最经会再度召开。位田社长担心公司内部反弹，犹豫不定。龟仓见状说道：

"位田先生，既然您犹疑担忧，不妨见见中内先生。"

"好，大家一起去见他。"

电话联络中内的秘书，敲定当天傍晚在帝国饭店见面。

会面场所定在客房，可以享用送餐服务的寿喜烧。最初的房内气氛仿佛是灵前守夜一样沉重静默。为了调节气氛，龟仓率先说道：

"真像是双亲擅自决定的媒妁之言啊，只好硬着头皮前来相亲。中内先生，身为父母代表，请您说几句。"

"虽然我接下瑞可利董事长一职，但公司还是交付给各位。我是大荣鹰球队的老板，但是所有事务都交给总教练田渊先生打理，道理是一样的。位田先生，瑞可利本体没问题吧？"

"托大家的福，业绩盈余748亿日元，相较于前年度，顺利增长了7%。"

中内的表情逐渐温和。可又是一阵沉默，话不投机。于是，再轮到龟仓上场，他夹起寿喜烧里的牛肉。

"我听说中内先生遭到敌人手榴弹攻击时，以为自己死期将至，当下只求能再尝一次寿喜烧，而且要吃到撑。这也是您创立大荣公司的初衷吧。"

"对啊,所以,'越是好东西越要便宜',大荣最初的特卖品就是牛肉。原本每 100 克 100 日元的牛肉,我干脆定价 39 日元。当时,冲绳不需进口关税,我利用这点从冲绳进口澳洲牛肉,再运到神户销售。"

中内的话匣子打开了,两人聊到战时,欲罢不能。

"原来你在马尼拉战线四处调动啊。"

"你是总编,制作发行了泰国的政治宣传杂志。"

这场"相亲"顺利结束,然后私下进行各项讨论,准备最后签约。

正式合同签约完成后,接下来必须对公司内部宣布结果。即使江副成为众矢之的,也只能隐瞒实情,不能公布他无法对 Cosmos 和第一金融公司弃置不顾,所以将持有股票交给大荣的事。瑞可利员工个个自由奔放、血气方刚,不会乖乖遵从上意,万一异议四起,很可能导致签约破局,后续牵连瑞可利的连锁倒闭,这才是最可怕的后果。

龟仓每天忧心难眠。此时,《每日新闻》抢先披露大荣即将入股的消息,瑞可利内部人心大乱。

许多江副的信奉者认为,他竟然背叛了员工长久的信任,自己获取巨额财富,让人深感失望。

同时,对于企业文化迥异的大荣,自己将成为集团旗下员工,大家在感情上都是排斥厌恶。

可是，瑞可利能够因此逃过经营危机一事，只能深藏心中。这时，作为第三者的龟仓最适合安抚愤怒抗拒的职员。他内心感谢《每日新闻》的报道，游走公司内部，说服各部职员。这些年轻职员面对直属主管，毫无保留地发泄着义愤的情感，但是面对"爷爷辈"的龟仓，不得不乖乖听话。

不可思议的是，这件通过文字报道的事情，逐渐成为不得不接受的事实。随着时间流逝，职员依旧愤慨难消，却接受了"江副出售股票"的事实。大荣的入股合约正式缔结。

签约一个月后，公司内部的"反大荣"气氛仍未见衰退。

感受到这股气氛的位田社长，不愿出席近期即将举行的中内瑞可利董事长就职记者会。束手无策的江副前来请教龟仓。

"这样会影响对外形象。以后位田先生必须常和中内先生商量，第一步就是开联合记者发布会。我现在就去找位田先生谈。"

6月24日，在东商记者俱乐部举行了中内就任瑞可利董事长记者发布会，位田社长同台出席。瑞可利总算是逃过了经营危机。

这是瑞可利成立的第32年，这一天之后，江副浩正的身影彻底从瑞可利消失。

第十四章

再为设计出份力

↑　《CREATION》第 1 期　资料提供：龟仓雄策资料室
↗　华沙美术学院名誉博士颁授典礼　资料提供：新潟县立近代美术馆（万代岛美术馆）

1988年1月7日，昭和天皇驾崩，昭和时代落幕。

东京市静悄悄的，仿佛正在服丧。在租借于银座的瑞可利大楼二层一半空间的宽阔的事务所中，龟仓雄策整理着琐碎资料。

他将深具纪念意义的物品排列摆放在新办公桌上。战后第一个设计的东芝蓝色干电池，里面的液体漏了出来，几乎看不出原本设计的模样，却是他珍贵的宝物。他第一次尝试的工业设计，沉重的 Nikon F 相机，后来在爱用者之间被称为"富士山的三角锥"，龟仓抚摸感受着；然后是画上朱红色太阳的东京奥运胸章，龟仓永生难忘的作品。

龟仓捏着胸章的针，转呀转，在指间诞生了一个闪烁耀眼光芒的太阳。离开新潟，在武藏境满山朱红的红叶林中，在三浦逸雄的指引下邂逅了设计，随着瞬息万变的昭和时代，他一路从事设计工作至今。

"掐指算算，从第一次做书籍装帧到现在，已经有55

个年头了。"

转腻了,他将朱红胸章摆回纯白办公桌上,一股寂寥之感突然袭上心头。龟仓开始寻找这股寂寥感的源头。

他发现自己在设计中成长茁壮,如今已73岁,正是该为设计界贡献己力的时刻。原来寂寥感来自这种烦闷的焦躁感。

然而,我应该做些什么呢?

他灵机一动:我可以创刊、编辑设计杂志啊!

龟仓雄策脑中存入的世界各地平面影像,无论有名无名,只要是杰出作品,都可以介绍给大众。自己受到包豪斯设计杂志的启发踏进设计的世界,更应该向全世界有志从事设计的人,提示现代设计究竟是什么。

他的脑海当中立刻浮现20卷的编辑顺序,每年发行4卷,耗时5年。他跃跃欲试。

他旋即又发现此事不易实现,因为不符合成本要求。全书180页,凹版印刷,售价至少约合3200日元。这么贵的书能销售1万册就算佳绩了,肯定是亏损的。

那股寂寥感再度袭来。想到自己的年纪,如果现在不着手进行,将无实现的可能,他必须想想办法。

他想到,这一计划或许可发展为瑞可利的文化事业。瑞可利建立了坚不可摧的信息王国,却似乎没有打造任何文化事业，现在开始还不嫌晚。他起身前往位田社长的办公室。

"龟仓先生，当然没问题，请让公司尽一份心力。瑞可利丑闻导致公司印象大减，这是重塑形象的最好方式。"

有了位田的快意允诺，龟仓投注了最后热情的出版事业，正式启动。

一开始，必须向海外平面设计师说明编辑目的，取得作品使用许可、资料，还必须取得版权许可，头绪繁杂，除非龟仓有三头六臂，否则绝对无法兼顾。他需要一位英文流利的编辑助手，于是在瑞可利挑选了适任的菊池雅美作为助手。菊池毕业于筑波大学，进入公司三年，任职于信息网路事业部门，负责理工科大学生的雇用、新人培训等。瑞可利果然会集各路人才，虽然菊池不是平面设计专家，但英文能力优异，无可挑剔。

杂志名称确定为《CREATION》。选择刊载的平面设计师不讲究知名度，只要能和龟仓美学意识产生共振，作品就能入选。龟仓搜集相关作品，冲洗照片，彩色打印，以原尺寸贴上。仔细过滤后的页面，只需微调，就能更加凸显设计美感故事，但也可能导致色彩黯然。这种移动之间，神奇或腐朽效果立见的体验，龟仓在国际报道工艺时代早已历经无数次。

美是通过五官的感受而非解说词来理解的,因此,所有说明文字都力求简洁。

创刊号选择了熟悉的海外著名作者三和田中一光等三位国内作者的平面作品,再加上龟仓精挑细选的日本徽章。

"各位对这本创刊号的第一印象是什么?首先浮现于脑海的想法,或许是这本杂志能否继续出版吧。当然,这本杂志经过一番曲折才得以问世,甚至曾因绝望差点放弃。所幸有家企业理解了在下固执不愿妥协的初心,协助出版这本绝对亏损的杂志。这家企业就是瑞可利。瑞可利目前在政治和媒体之间成为丑闻的焦点,动荡不安。即使如此仍愿意相信在下,愿意为全球的设计界有所贡献,不计一切协助出版,在下衷心感谢董事会。"

伴随着龟仓感性的前言,创刊号在1989年6月正式发行。

1990年1月,龟仓正在编辑第4期时,三浦朱门突然致电联系。

"家父过世了。生前他就是不肯住院,所以在家中卧床5年。虽然难过悲伤,但现在反而如释重负。"

龟仓询问他父亲生前最后的情形,三浦表示已为杂志撰文,阅读便知,就挂断电话。从《新潮》3月号上,龟仓阅读了三浦撰写的《子子孙孙》,震惊不已。三浦的父亲失智后，在家里墙上涂抹自己的粪尿，即使如此，仍然死活不肯住院，最后在家中过世，享年92岁。少年时代，三浦逸雄对龟仓尚未成形的精神影响甚巨，并赐予他最初的机会。对龟仓来说，他是一位知识的巨人。岁月的残酷，同样不放过巨人的大脑。龟仓感到恐惧颤栗。

1990年9月15日，龟仓开始制作第7期时，又收到土门拳的讣闻。

他的死，壮烈如人。

11年前，也是一个9月，12日，土门第三次脑出血昏倒。从那天起他昏睡了整整11年，未再苏醒。土门的摄影心愿肯定未了，还想拍更多照片。想到这里，龟仓潸然泪下。

战后，土门开始拍摄佛像，龟仓曾经多次同行。或许佛像不如他意，土门总是一副不愿拍摄的态度，一会儿与佛像大眼瞪小眼，一会儿绕着佛像打转，不一会儿，仰头望着佛像的双眼突然瞪大，对着佛像大吼："你这家伙，早说嘛！""好！"双手一拍，抹了抹脸，就入魔似的疯狂按下快门。龟仓提醒他太阳快下山光线不足，他也充耳不闻继续拍摄。但是，光线微弱的照片却浸透着无限的力道。

这些拍摄的照片，土门必定带来交给龟仓，数量庞大，土门却不做任何说明。龟仓挑选之后，排序整理成一册，再交给土门。然后，土门必定彻底更动，不留下任何龟仓编

辑过的痕迹。面对完成的写真集,龟仓必定会说道:

"既然如此,何必如此大费周章,一开始你自己编辑就行了啊。"

"不,我就是想要龟仓制作。"

两人究竟一起制作过几本摄影集呢?

《风貌》《室生寺》《广岛》

1959年年底,土门50岁时拍摄了摄影集《筑丰的儿童》。从九州返家没过多久,他第一次脑出血昏倒,结果导致行动困难,语言也开始混浊不清。但是,土门在摄影中投注了更多精力,相较于以往,照片变得更加有力。

《古寺巡礼》《日本人的原像》《私之花》

在第一次昏倒9年后,初夏,在山口县荻市工作中,土门第二次脑出血昏倒,被直接送至九州的医院,疗养一年,再到信州泡温泉复健。然后,顽强不屈的土门以"轮椅摄影师"的称号再度复出。

《女人高野室生寺》

在土门的请求下,龟仓曾经同行拍摄这本作品。樱花满开下的室生寺缤纷灿烂,助手背着土门爬上了又长又陡的石阶。土门坐在轮椅上,与室生寺对视,然后请助手推动轮椅来到寺门前,他先以拍立得拍摄,调整相机位置,偶尔征询龟仓的意见;过一会儿,一声大吼"好!",双手一拍,抹了抹脸,接续按下快门。

土门的生涯之作《古寺巡礼》最终卷完成时,竟然难得地请龟仓写推荐文。龟仓当然没有拒绝。

"偏僻山中的小寺庙,从寺庙远望的绵延山峦,作者面对自然的心境,沁入人心。土门拳这位不计名利的天才,他的创造力都集结于《古寺巡礼》。这部作品必定流传后世。"

电视节目采访拍摄《古寺巡礼》一书,龟仓陪同土门出演。土门几乎不能说话,龟仓就成了他的代言人。

一周后,土门第三次脑出血,从此昏迷不醒。

1983年,土门昏迷不醒的第三年,在龟仓的奔走筹划下,在土门的故乡山形县酒田市设立了土门拳纪念馆,收藏约10万件土门的摄影作品。龟仓恳求一起建造安比大饭店的谷口吉生负责建筑设计。在土门的故乡,前有池塘,后有饭森山,耸立着方正刚硬的纪念馆建筑,诉说着土门照片的本质。龟仓制作了纪念馆开幕海报。开馆当天,他一张一张地慢慢欣赏土门的照片。每张都具有跨越时代的生命力。

龟仓想着土门拳,将"照片"一词替换为"设计",在

《CREATION》第 7 期前言写下一篇名为"历史的见证人"的短文。

"设计,只要活跃在当时、当代就已足够。有人说设计是时代的消耗品,这种说法我无意否定,但也不会全盘肯定。因为我认为,设计在任何时代都是历史的见证人。设计不是感受的消耗品,而是证词,留存在档案记录中,值得受到人的感激。设计必须有跨越时代的生命力,否则不足以作为历史的见证人。"

1992 年 6 月 24 日,中内功就任瑞可利董事长记者会在东商记者俱乐部召开。瑞可利惊险逃过了经营危机,然后从此不见了江副的身影。

龟仓配合记者会的日期发行了《CREATION》第 13 期。他想着离开瑞可利的江副,写下题为"墙"的前言。

"名留青史的伟大艺术家,在漫长的人生当中,有时处于艳阳高照的山顶,有时则处于阴暗谷底。重要的是,这些伟大的人物,即使在阳光照射的山阳时,也绝不傲慢;处于阴暗谷底时,也绝不气馁。伟人之所以是伟人,在于无论身处明暗都能扭转逆势,锤炼自己。历史上的伟大艺术家,个个都是不懈努力的大人物。"

《CREATION》第 20 期的送印工序开始,结束这期之后,出版的事业就将告一段落。龟仓未能免俗地陷入感伤。

杂志的前 19 期，龟仓选择重要的海外平面设计师进行介绍，不问有名无名，总计 89 人。最后还有一位龟仓衷心希望引进介绍的平面设计师——索尔·斯坦伯格，其作品曾多次登上《纽约客》杂志封面，长期创作风格洒脱的插图。他和龟仓年纪相仿，不过已经从平面设计转向了艺术发展。

龟仓希望在最后一期介绍"美国大师中的大师"斯坦伯格。有了他的超级特辑，《CREATION》就算圆满。不过，斯坦伯格讨厌人群和媒体，纽约的评论家告知，现在转向艺术道路的他，不可能答应登上《CREATION》这类杂志。事实上，龟仓已经寄给他多封刊载委托书，但都石沉大海。

但有人将刊载斯坦伯格作品的样本亲手交给了他本人。据说，斯坦伯格在看过样本之后说道："《CREATION》的确是本了不起的杂志，但是我已经抛开平面设计的过往。这是我选择的人生，恳请见谅。"

龟仓听了以后泪流不止。对于斯坦伯格选择的画家之路，他抛开过去的人生抉择，他深有同感，同时也无法服气，自己曾经深信不疑的道路竟然能被轻易抛弃。龟仓满心遗憾和不解，不住落泪，无法自拔。

在战前，广告还是"无名画家的糊口兼职"，到现在他还无法摆脱那种卑微感。然而相较于日本，他发现了海外各种先进的尝试，所以发愤图强，协助日本设计提升到国际水平，致力于提高设计师的地位。从战前至今的60年来，他深信设计，也全力奉献、努力不懈。现在，他只觉得自己的人生遭到否定，愤愤不平。

在第20期的前言中，他提到了这件事。

经过5年，助手菊池已经成长为能干的平面编辑，为了誊写龟仓的原稿，菊池总是请他亲自朗读草稿。

"当我听到斯坦伯格提到'最后的人生选择'时，大受打击。如果当时周围无人，我可能会放声大哭，纾解这股难以抑制的感情。"

龟仓读到这儿，声音哽咽。在菊池的面前，他双肩颤抖，低声啜泣，最后从口袋里取出折叠整齐的手帕，默默拭去眼泪，再若无其事地继续朗读。

没想到，这回却轮到菊池泪流不止。

"可是，这位大师的话语，像一阵清风吹拂而过。我闭上双眼，回想5年来的悲欢喜乐。完全无法创造任何利润的《CREATION》，千恩万谢，感谢全力支持的瑞可利，这份恩情永记我心。最后一期的前言就此搁笔。"

1994年3月，《CREATION》第20卷出版圆满结束，3月21日举办完成纪念庆祝宴会。4月，龟仓由于编辑《CREATION》的成果，获得波兰华沙美术学院授予的名誉博士，还获得了每日设计奖、ADC会员奖。

6月3日,79岁的龟仓飞到波兰,身着学院传统的四方帽和学位服,发表纪念演讲。

"我认为,设计是国家社会文化的一个指标,因为国家的政经状况深深影响着设计。为了生存,日本人进口各种原料,加工制造高利润的产品,然后出口。这种只求生存的日本社会结构,在设计迈向近代化之后大幅跃升。1950年,正好是日本当代设计史的起点。如今日本的平面设计能获得全球的瞩目和好评,正是因为日本人为求生存的产业结构齿轮与设计活动齿轮咬合搭配良好。"

1996年8月6日,东京国立近代美术馆举办了"在时代变动之间——龟仓雄策海报展",这是该美术馆首次举办广告海报展。

10月,而立书房发行了龟仓设计装帧的《建筑的前夜:前川国男文集》,龟仓还不知道,这是他作为平面设计师的最后一件工作。

1997年年初,龟仓突然提出要求:"滑雪滑了45年,最近总算滑得比较像样了。我想为自己的滑雪英姿留下影像记录。"

2月1日,利用审判休庭的闲暇,江副也来到安比,两人一起滑下全长2800米的最远路线。直升机从上空跟拍,镜头下的龟仓动作潇洒优雅,丝毫不见81岁的老态。

4月底,龟仓再度来到安比高原,享受春季滑雪。

可是，他绊到陡坡上的凸起而跌倒，颈椎受创，住进当地医院，不久又转诊圣路加医院。

1997年5月11日，龟仓由于并发急性肺炎，溘然而逝，享年82岁。

6月17日，"龟仓先生告别会"在赤坂王子饭店举行。告别会一开始，多屏幕播放着2月时航拍的龟仓滑雪英姿。

孤独的有声影像，却像是无声默片。会场中寂静无声。

他独自一人，大胆滑行在昭和平面设计陡坡上。

龟仓顺势而下，太阳紧追在后，多屏幕被染成鲜艳的朱红色。

龟仓的遗孀文代承受不住悲伤，无法在会场陪同，始终待在休息室。两个月后的7月4日，文代仿佛是追随着龟仓的脚步一般，离开人世。

1998年4月，瑞可利发行《CREATION》第21期"龟仓雄策追悼特辑"。

5月，疲于出席审判的江副自己编辑了私人版《龟仓雄策追悼集》。

龟仓的遗作和遗物全数由新潟县立近代美术馆接收，龟仓与他所有的作品和收藏，一起返回了生他的故乡。

1998年，JAGDA创设"龟仓雄策奖"，以龟仓遗产作为启动基金。首届获奖者是田中一光。

后 记

1997年,世界失去了龟仓雄策,一位单纯相信美,终生致力于升华美感的人物。那一年,日本国内生产总值达到最巅峰的521万亿日元,此后连续17年呈现负增长。

说来也巧,在龟仓离世这一年,一个全世界熟知的人曾遭公司放逐,后来重返职场,大声疾呼设计的重要性,并将公司推上全球市值排行榜的冠军宝座。

他就是苹果公司的史蒂夫·乔布斯。龟仓的理念,获得了乔布斯的承继和延续。回头看看日本长达17年的不景气和低迷,是否有拯救之道呢?

答案是有的。

战后,1949年7月号的《工艺新闻》登载了龟仓雄策的随笔《设计必须是一首明亮生活之歌》。只需阅读这篇文章,诸位就能找到答案:

"企业家应该多接触设计师,设计师则应多了解经营事业。然后,社会大众应该了解设计是新生活的艺术。"

今年,2015年,奥运会徽问题引起舆论一片哗然。但是,指责的对象难道只有佐野研二郎吗?纷扰的源头,就是2020年东京奥运的举办理由,在中心主题未明确之时就决定召开了。设计本来就只是中心思想的象征,但设计也能切中事物的本质,设法将本质加以视觉化,打造出众人共享的崭新价值观和中心思想。

可是,从104位平面设计师的竞图当中,最终只能挑选出佐野研二郎的设计,证明2020东京奥运的核心早已空洞化。所以设计当然无法成为会徽,只能作为一种标志,并且随处可见模仿的痕迹。

缺乏中心思想的大阪世博会,设计摇摆,没有定调,这次东京奥运也是重蹈覆辙,所以即使重新举办会徽竞图,也只会再次上演佐野研二郎的同类戏码。

"为什么日本现在举办奥运呢?"

"举办这场奥运,日本又有什么改变呢?"

无论设计多么精致完美,缺乏思想和战略,无法打动国民,永远都会被指责为模仿。

史蒂夫·乔布斯如是说:"设计在于运用的方式。"在美感背后,一定存在着无法撼动的中心思想;中心思想诞生之后,美感才能得以升华。政府、奥运、企业家,应该积极将中心思想更明确定义，设计师才能将事物的中心思想以更单纯扎实的方式，升华成明确的"美"。

如此一来，日本、奥运、企业家，才能够渲染出朱红的梦想。

新一代的江副浩正和龟仓雄策，赶快出现吧。

新一代的日本史蒂夫·乔布斯，赶快出现吧。

唯一值得相信的事物，只有美。

龟仓雄策留下数量庞大的作品，同时也撰写了许多发人深省的设计论、社评、随笔，留下充满魅力的著作集。没有这些著作集，这本传记不可能完成。首先必须感谢龟仓先生，本书献给即将迎接百年诞辰的他。

同时感谢龟仓雄策资料室、新潟县立近代美术馆（万代岛美术馆），提供诸多传记所用资料和建议。

本书的撰写衷心感谢长期接受采访和提供资料的生屿诚士郎、大迫修三、木田拓也、河野董、田中雅美、中西元男、细谷岩、水上宽、森村稔。

撰写本书的契机源于东京国立近代美术馆在2013年举办的"东京奥运1964设计策划展"、2015年举办的"大阪世博1970设计策划展"，以及2015年4月举办"龟仓雄策百年诞辰·设计飞行展"（Creation Gallery G8）期间，永井一正4月18日在画廊讲座上引人深思的演讲。

感谢东京国立近代美术馆，感谢永井一正。

感谢河野鹰思设计资料室、实业之日本社、JAGDA、DNP文化振兴财团、DESUKA、TRANS ARTS、尼康、日本设计中心、PAOS、美术出版社、瑞可利控股等企业和机构提供图片和资料。

感谢奥村靫正，不仅参与了本书日文版的装帧，也费心统整策划和出版。感谢高木荣和TSTJ的所有同人。感谢草谷隆文为本书四处奔走搜集平面设计资料。

最后，特别感谢日经BP出版社的仲森智博，他给予明确的指示和建言，使本书避免论述过多的设计论，撰写成一部翔实的传记。

再次重申：唯一值得相信的事物，只有美。

马场真人

写于2015年12月初

2020年东京奥运会徽公开征集作品即将截稿时

参考文献

朝日ジャーナル編'リクルートゲートの核心'朝日新闻社 / 一九八九
朝日新闻社会部'ドキュメントリクルート报道'朝日新闻社 / 一九八九
朝日新闻横滨支局'追迹リクルート疑惑'朝日新闻社 / 一九八八
阿部博行'土门拳 生涯とその时代'法政大学出版局 / 一九九七
新井静一郎'グラフィック・デザイナー'诚文堂新光社 / 一九八一
荒川龙彦'明るい暗箱'朝日ソノラマ / 二〇〇〇
石井正己编'1964年の东京オリンピック'河出书房新社 / 二〇一四
石川保昌'报道写真の青春时代'讲谈社 / 一九九一
伊藤昌哉'池田勇人とその时代'朝日新闻社 / 一九八五
ウォルター・アイザックソン'スティーブ・ジョブズ'讲谈社 / 二〇一一
内田繁'戦后日本デザイン史'みすず书房 / 二〇一一
江副浩正'かもめが翔んだ日'朝日新闻社 / 二〇〇三
江副浩正'リクルート事件 江副浩正の真実'中央公论新社 / 二〇〇九
江副浩正编'亀仓雄策追悼集'私家版 / 一九九八
大下英治'リクルートの深层'イースト・プレス / 二〇一四
加岛卓'《広告制作者》の歴史社会学'せりか书房 / 二〇一四
学校法人桑沢学园'未来をひらく造形の过去と现在'平凡社 / 二〇一〇
胜见胜'现代デザイン入门'鹿岛出版 / 一九六五
亀仓雄策'作品集 亀仓雄策'美术出版社 / 一九七一
亀仓雄策'亀仓雄策のデザイン'六耀社 / 一九八三

亀倉雄策 '曲線と直線の宇宙' 讲谈社 / 一九八三
亀倉雄策 '亀仓雄策の直言飞行' 六耀社 / 二〇一二
亀倉雄策 '离陆着陆' 美术出版社 / 二〇一二
亀倉雄策編 '"CREATION" 1〜20' リクルート / 一九八九
川畑直道編 '青春図会' 河野鷹思デザイン資料室 / 二〇〇〇
川畑直道編 'ggg BOOKS 別冊 4　亀倉雄策' トランスアート / 二〇〇六
桑沢洋子 '桑沢洋子の服飾デザイン' 妇人画报社 / 一九七七
佐野眞一 '巨怪伝' 文艺春秋 / 二〇〇〇
佐野寛監修 '日宣美の時代' トランスアート / 二〇〇〇
沢木耕太郎 '危机の宰相' 文艺春秋 / 二〇〇八
島森路子 '島森路子インタビュー集 1' 天野祐吉作业室 / 二〇一〇
JAGDA 'JAGDA 年鑑 1991' 六曜社 / 一九九一
ジャパンデザインミュージアム構想 'DESIGN ふたつの時代' ＤＮＰアートコミュニケーションズ / 二〇〇一
白山眞理 '《报道写真》と戦争' 吉川弘文館 / 二〇一四
白山眞理 '名取洋之助' 平凡社 / 二〇一四
白山眞理・堀宜雄 '名取洋之助と日本工房' 岩波书店 / 二〇〇六
铃木松夫 '志を持とう　鈴木松夫追悼集' 日本リサーチセンター / 二〇〇七
瀬木慎一 '日宣美 20 年' 日宣美 20 年刊行委 / 一九七一
高桥锦吉 '図案の基礎' 美术出版社 / 一九五三
多川精一 '戦争のグラフィズム　FRONT を創った人々' 平凡社 / 二〇〇〇
多川精一 '広告は我が生涯の仕事に非ず' 岩波书店 / 二〇〇三
多川精一編 '"FRONT" 复刻版' 平凡社 / 一九八九
竹田恒徳 '私の肖像画　皇族からスポーツ大使へ' 恒文社 / 一九八五
竹田恒徳氏を偲ぶ会 '竹のひざき' 私家版 / 一九九三
田中一光 '聞き書きデザイン史' 六曜社 / 一九八一
田中一光 'デザインの周辺' 白水社 / 一九八九
田中一光 'デザインの仕事机から' 白水社 / 一九九〇
田中一光 'デザインと行く' 白水社 / 一九九七
田中伸尚 '日の丸・君が代の戦后史' 岩波书店 / 二〇〇〇

谷口源太郎'日の丸とオリンピック'文艺春秋 / 一九九七

田原総一郎'正义の罠'小学馆 / 二〇〇七

丹下健三'丹下健三'鹿岛出版会 / 一九八〇

デザインの现场编集室'デザインの现场 No.100'美术出版社 / 一九八八

デザインノート编集部'日本デザインセンター50年の轨迹'诚文堂新光社 / 二〇一一

勅使河原苍风'三人三様・苍风生诞百年'草月会出版局 / 二〇〇一

东京ADC'ADC年鉴'美术出版社

东京ADC'年鉴広告美术'美术出版社

东京国立近代美术馆编'东京オリンピック1964デザインプロジェクト'东京国立近代美术馆 / 二〇一三

东京国立近代美术馆编'大阪万博1970デザインプロジェクト'东京国立近代美术馆 / 二〇一五

土门拳'风貌'小学馆 / 一九九五

土门拳'古寺巡礼'小学馆 / 一九九八

土门拳'拳眼'世界文化社 / 二〇〇一

土门拳'死ぬことと生きること'筑地书馆 / 一九八二

とんぼの本'东京オリンピック1964'新潮社 / 二〇〇九

中西昭雄'名取洋之助の时代'朝日新闻社 / 一九八一

中西元男'DECOMAS 経営统合としてのデザイン戦略'三省堂 / 一九七一

名取洋之助'写真の読みかた'岩波书店 / 一九七九

西川正也'コクトー、1936年の日本を歩く'中央公论新社 / 二〇〇四

日本原子力発电'日本原子力発电三十年史'日本原子力発电 / 一九八九

日本工房の会'NIPPON 先駆の青春'日本工房の会 / 一九八〇

日本デザイン史编'日本デザイン小史'ダヴィド社 / 一九七〇

日本デザインセンター'日本デザインセンターの三〇年'日本デザインセンター / 一九九〇

野地秩嘉'TOKYO オリンピック物语'小学馆 / 二〇一一

波多野胜'东京オリンピックへの遥かな道'草思社 / 二〇〇四

马场マコト'戦争と広告'白水社 / 二〇一〇

马场マコト'花森安治の青春'白水社 / 二〇一一
半藤一利'昭和史　戦后篇'平凡社 / 二〇〇九
平野暁臣'大阪万博　20世纪が梦见た21世纪'小学馆 / 二〇一四
藤井信幸'池田勇人　所得倍増でいくんだ'ミネルヴァ书房 / 二〇一一
保坂正康'高度成長　昭和が燃えたもう一つの戦争'朝日新闻社 / 二〇一三
细谷岩'细谷岩のデザインロード69'白水社 / 二〇〇四
マグダレーナ・ドロステ'バウハウス'タッシェン・ジャパン / 二〇〇九
松永真理'iモード以前'岩波书店 / 二〇〇二
三浦朱门'おちゃのみずばし'（群像一九八八年新年号）讲谈社 / 一九八八
三浦朱门'子々孙々'（新潮一九九〇年三月号）新潮社 / 一九九〇
三神真彦'わがままいっぱい名取洋之助'筑摩书房 / 一九八八
三岛靖'木村伊兵卫と土门拳'平凡社 / 二〇〇四
村越襄'村越襄'DNP文化振兴财 / 二〇一三
森冈督行'日本の対外宣伝グラフ志'ピー・エヌ・エス新社 / 二〇一二
薮亨'近代デザイン史'丸善 / 二〇〇二
山名文夫'体験的デザイン史'ダヴィド社 / 一九七六
山名文夫'戦争と宣伝技術者'ダヴィド社 / 一九七八
横尾忠则'波乱へ!!　横尾忠则自伝'文艺春秋 / 一九九八
吉川洋'高度成長　日本を変えた６０００日'読売新闻社 / 一九九七
読売新闻社编'ついに太阳をとらえた'読売新闻社 / 一九五四
リクルート'"CREATION"亀仓雄策追悼特別号'リクルート / 一九九八
リクルート'亀仓雄策　昭和のグラフィックデザインをつくった男'メディアファクトリー / 一九九七
リクルート'亀仓雄策追悼集　安比プロジェクト'リクルート / 二〇〇七

刊载过龟仓雄策报道的杂志

《IDEA》

《朝日杂志》

《朝日新闻》

《WILL》
《广告界》
《广告批评》
《现代之眼》
《Graphic Design》
《工艺新闻》
《JAGDA Report》
《女性》
《新建筑》
《宣传会议》
《垂直组·水平组》
《DESIGN》
《美术手帖》
《印刷艺术》
《平凡》
《每日新闻》
《读卖新闻》

龟仓雄策简介
Yusaku Kamekura

龟仓雄策,日本平面设计之父,1915年4月6日出生于日本新潟县。19岁时在一家旧书店看到一本包豪斯画册,十分着迷。1935年进入新建筑工艺学院学习。该校是日本知名建筑师川喜田炼七郎效法德国包豪斯学校所创办的,因此龟仓雄策十分了解包豪斯精神与设计方法。

二战期间,摄影家名取洋之助成立日本工房,创办了当时日本最重要的宣传杂志《NIPPON》,龟仓经由好友土门拳引介与该杂志展开合作,大胆运用影像手法,将其转变为与国际接轨的高水平刊物。1951年,龟仓与原弘等人创办了日本宣传美术会(日宣美),发掘并培养战后新一代设计师,田中一光就是在1955年被推举成为会员的。1957年,龟仓设计的Nikon SP相机海报,被对美国平面设计发展有重要贡献的德国设计师威尔·伯特看中,这是全世界认识龟仓的开端。

1960年,龟仓雄策组建日本设计中心并任总经理,开启设计师的职业生涯;1962年,设立龟仓设计研究所,成为自由设计师。成长于二战期间的龟仓是日本第一代平面设计师。受西方现代主义影响,其作品中透露着极强的现代性,但又不失日本传统美学的象征性与简洁。1964年,龟仓领军的团队设计日本国旗由金色奥运五环托起的东京奥运系列海报引起轰动,使得日本海报设计在世界平面设计舞台上崭露头角,国宝级艺术大师横尾忠则赞誉说:"这充满张力的海报,是成就战后现代主义的巅峰杰作。"此系列作品获得当年的米兰国际海报设计大奖,也成为奥运史上的典范。

龟仓会将日本特有的家徽作为一种视觉语言,贯穿在海报中,展现大和民族特有的文化,从1970年他为大阪世博会设计的海报中可见端倪。无论从精神内涵还是形式表现，龟仓都走在日本平面设计的最前端，深深影响日本乃至世界的设计风格。1978年，龟仓担任日本平面设计师协会（JAGDA）会长，推动日本成为设计大国。除设计海报、标识、书籍装帧之外，也涉及雕塑、公共艺术等其他设计领域，也曾担任《CREATION》设计杂志主编。

他一生获奖无数，曾多次荣获：华沙国际海报双年展的金奖、银奖、艺术奖、特别奖；布尔诺国际平面艺术双年展银奖、铜奖；芬兰拉赫蒂国际海报双年展大奖；1982年紫绶勋章；1988年勋三等瑞宝章；1991年个人文化勋章；1994年获得《CREATION》颁发的每日设计大奖特别奖与东京ADC会员奖，同年被华沙美术学院授予荣誉博士学位。1997年5月11日，龟仓雄策辞世后，JAGDA为表致敬，在1999年特别设立了日本设计最高奖——龟仓雄策奖，当代知名设计师田中一光、原研哉、佐藤可士和、仲条正义、服部一成、佐藤卓、浅叶克己、葛西薰等人都曾荣获此奖。佐藤可士和曾说："今天，我们都在龟仓雄策开拓的道路上做设计。"

图书在版编目(CIP)数据

朱红的记忆：龟仓雄策与昭和时代的设计 / (日) 马场真人著；蔡青雯译. -- 太原：山西教育出版社，2021.8

ISBN 978-7-5703-1853-7

Ⅰ. ①朱… Ⅱ. ①马… ②蔡… Ⅲ. ①龟仓雄策—生平事迹 Ⅳ. ① K831.357.2

中国版本图书馆 CIP 数据核字 (2021) 第 162724 号

SHU NO KIOKU KAMEKURA YUSAKU DEN written by Makoto Baba.
Copyright © 2015 by Makoto Baba. All rights reserved.
Originally published in Japan by Nikkei Business Publications, Inc.
Simplified Chinese translation rights arranged with
Nikkei Business Publications, Inc. through CREEK & RIVER Co., Ltd.

朱红的记忆：龟仓雄策与昭和时代的设计
ZHUHONG DE JIYI: GUICANGXIONGCE YU ZHAOHE SHIDAI DE SHEJI

[日] 马场真人 / 著
蔡青雯 / 译

出 版 人	李　飞
责任编辑	李梦燕
特邀编辑	王　微
复　　审	王介功
终　　审	康　健
装帧设计	高　熹
出版发行	山西出版传媒集团·山西教育出版社
	(地址：太原市水西门街馒头巷7号　电话：0351-4729801　邮编：030002)
印　　刷	山东韵杰文化科技有限公司
开　　本	787毫米×1092毫米　32开
印　　张	9.75
字　　数	150千
版　　次	2021年9月第1版
印　　次	2021年9月第1次印刷
书　　号	ISBN 978-7-5703-1853-7
定　　价	55.00元

如有印装质量问题，影响阅读，请与出版社联系调换。电话：0351-4729588。